Juliano Schimiguel (Organizador)

Metodologias Ativas, Tecnologias da Informação no Ensino-Aprendizagem e Ensino Remoto Emergencial (ERE)

EDITORA CIÊNCIA MODERNA

Metodologias Ativas, Tecnologias da Informação no Ensino-Aprendizagem e Ensino Remoto Emergencial (ERE)

Editor: Paulo André P. Marques
Produção Editorial: Dilene Sandes Pessanha
Capa: Daniel Jara
Diagramação: Daniel Jara
Copidesque: Equipe Ciência Moderna

FICHA CATALOGRÁFICA

SCHIMIGUEL, Juliano. (Org.)

Metodologias Ativas, Tecnologias da Informação no Ensino-Aprendizagem e Ensino Remoto Emergencial (ERE)

Rio de Janeiro: Editora Ciência Moderna Ltda., 2021.

1. Tecnologias da Informação 2. Professor 3. Tecnologia 4. Ensino e Aprendizagem
I — Título

ISBN: 978-65-5842-082-8 CDD 372.358

Editora Ciência Moderna Ltda.
R. Alice Figueiredo, 46 – Riachuelo
Rio de Janeiro, RJ – Brasil CEP: 20.950-150
Tel: (21) 2201-6662/ Fax: (21) 2201-6896
E-MAIL: LCM@LCM.COM.BR
WWW.LCM.COM.BR

07/21

Agradecimentos

Agradeço aos meus filhos, Júlia e Vinícius, pela paciência, companheirismo e afeto de sempre... Aos meus pais, Marco e Adélia, por todo o investimento, experiência, base familiar, educação, que me deram, e o amor incondicional. À minha esposa, Daniela, pela parceria, serenidade e carinho de sempre. Aos meus irmãos, Rafael e Gisele; e sobrinhos Enzo, Eliezer, João Pedro e Mirele. Retribuo também à Universidade Cruzeiro do Sul (Programa de Doutorado / Mestrado em Ensino de Ciências e Matemática), e ao Centro Universitário Anchieta, pela oportunidade de trabalharmos em conjunto.

Prefácio

Esta obra visa descrever os fundamentos, metodologias e ferramentas no âmbito das Metodologias Ativas no Ensino-Aprendizagem, no contexto do Ensino Remoto, e de outras modalidades de ensino, como o EaD (Ensino a Distância), Ensino Híbrido (Presencial + Distância), e até mesmo o próprio modelo Presencial, subsidiado por ferramentas tecnológicas.

O livro conta com a participação de autores de importância e relevância tanto nacional quanto internacional, particularmente com vínculo nestas instituições de ensino e pesquisa: Universidade Cruzeiro do Sul (Programa de Doutorado / Mestrado em Ensino de Ciências e Matemática; Graduação de Bacharelado em Ciência da Computação, Tecnologia em Análise e Desenvolvimento de Sistemas, Bacharelado em Sistemas de Informação, Tec. em Redes de Computadores), Centro Universitário Anchieta (UniAnchieta, Jundiaí/SP – Bach. em Ciência da Computação, Pós-Graduação Lato Sensu em Ciência de Dados e Big Data), Centro Estadual de Educação Tecnológica Paula Souza (SP), Universidade Cidade de São Paulo (Unicid), Espaço Colaborativo Educacional, Faculdades Metropolitanas Unidas, Universidade Presbiteriana Mackenzie, Fatec - Faculdade de Tecnologia de Barueri "Padre Danilo José de Oliveira Ohl" (Barueri/SP), PUC-SP, Universidade Nove de Julho, Escola Municipal de Ensino Básico (EMEB) Ana Busato (Atilio Vivacqua/ES), Universidade Aberta (Lisboa, Portugal), Universidad de Oviedo (U.O, Espanha), Universidade de Coimbra (UC, Portugal), Open University (UK, OU, Grã-Bretanha).

O capítulo 1 de Sílvia Mourão Meireles e Juliano Schimiguel versa sobre o Ensino Remoto Emergencial (ERE). O texto tem por objetivo refletir sobre a implementação do ERE no cenário educacional brasileiro e das condições de acesso às tecnologias digitais no contexto pandêmico.

Já o capítulo 2, de Thiago dos Santos Horta e Gilmar Afonso de Lucas, foca nos ambientes virtuais de ensino Blackboard, Canvas e Classroom. São apresentados relatos de professores-tutores descrevendo abordagens extracurriculares e experiências sobre a aplicação prática de projeto colaborativo, bem como, sobre a importância dos encontros via ferramenta Collaborate e ainda algumas informações sobre a otimização dos Ambientes Virtuais de Aprendizagem, suas vantagens e benefícios com exemplos práticos de utilização, tanto pelos professores quanto pelos alunos.

O capítulo 3, de Josivan Pereira da Silva e Ismar Frango Silveira, descreve as ferramentas para comunicação síncrona, a saber: Zoom Meet, Google GMeet, Microsoft Teams. No decorrer do capítulo, duas Metodologias Ativas são evidenciadas, pois foram utilizadas na prática no Estudo de Campo que é apresentado. Trata-se de aulas em regime de Ensino Remoto Emergencial para orientação de trabalho de conclusão de curso; onde o tema das orientações é de Jogos Digitais Educacionais, e os alunos se reuniram com o professor utilizando o Zoom, o Microsoft Teams e o Google Meet.

No capítulo 4, de Ricardo J. Missori, sobre Estratégias para Elaboração de Provas On-line, aborda algumas estratégias simples para a elaboração de diferentes tipos de provas, por exemplo, a em grupo, que promove interações desejadas e necessárias entre os estudantes. Além disso, também é mostrado como a análise estatística da prova pode ser utilizada como ferramenta auxiliar para a adequação das questões.

Já no capítulo 5, de Marcelo Eloy Fernandes, Marcelo Tsuguio Okano, Fernando de Almeida Santos, e Juliano Schimiguel, é retratado as Metodologias Ativas – PBL: Aprendizagem Baseada em Problemas, Sala de Aula Invertida, e Aprendizagem por Projetos. A proposta do capítulo é fornecer algumas reflexões teóricas e ideias para a implementação na prática de métodos e estratégias usadas, inseridas em abordagens ativas.

No capítulo 6, de Marcos Andrei Ota, Adriana Aparecida de Lima Terçariol, e Daniela Melaré Vieira Barros, versa sobre Interação Remota e Ferramentas para novos cenários de comunicação educacional. O texto vem contribuir para o diálogo entre pares na construção de ideias e caminhos do fazer pedagógico atualizado e que atenda às necessidades do novo cenário criado. A justificativa do exercício aqui proposto é indicar a ferramenta a partir de duas características que envolvem não somente os serviços que a ferramenta oferece, mas também o conteúdo que ela gera e possibilita a favor da aprendizagem, potencializando assim, as práticas e a adaptação do fazer pedagógico ao cenário online.

O capítulo 7, de Elisson Spoladori Scarton e Juliano Schimiguel, foca no Mobile Learning (Aprendizagem Móvel, M-Learning) no Ensino de Matemática, com Uso do Aplicativo (App) Geogebra. Segundo o texto, a tecnologia da informação passou a fazer parte da vida diária da sociedade, e tende a delinear imensamente o futuro de todos. Desta forma, é essencial que se perceba a necessidade de um direcionamento do uso das TICs em diversas áreas, inclusive na Educação. Portanto, destaca-se que a evolução dos dispositivos móveis traz um conjunto de recursos que podem ser utilizados para adquirir conhecimento e produzir aprendizado.

Finalmente, o capítulo 8, de Juliano Silva Marçal, aborda um guia de boas práticas do Ensino no âmbito do home office. O objetivo do texto consiste em fornecer um guia de boas práticas e técnicas a todos os educadores que estão desenvolvendo suas atividades profissionais acadêmicas em modelo de home office a partir da realização da transmissão de aulas online síncronas.

Prof. Dr. Juliano Schimiguel

Sumário

Capítulo 1

Ensino Remoto Emergencial (ERE)

Prof. Ms. Sílvia Mourão Meireles
Prof. Dr. Juliano Schimiguel

Resumo: A pandemia provocada pela COVID-19 impôs mudanças abruptas na sociedade. O fechamento das escolas foi uma medida de urgência adotada no Brasil e no mundo para o enfrentamento da propagação do vírus. O Ensino Remoto Emergencial (ERE) mediado com intrínseco aporte das tecnologias digitais despontou como alternativa para dar continuidade aos processos de ensino e aprendizagem. Nesse sentido, esse estudo tem por objetivo refletir sobre a implementação do ERE no cenário educacional brasileiro e das condições de acesso às tecnologias digitais no contexto pandêmico. Essa pesquisa apresenta modalidade exploratória fundamentada em levantamento de referências bibliográficas, livros, documentos e artigos científicos sobre a temática vigente e se caracteriza com abordagem qualitativa. Nos resultados, destacam-se que a implementação do ERE mediadas com prevalências de tecnologias digitais fomentou a desigualdade, sobretudo para alunos mais vulneráveis economicamente, ao mesmo tempo, revelou que o sistema educacional brasileiro, em especial as redes públicas de ensino, carece de políticas públicas efetivas que assegurem acesso igualitário de tecnologias digitais.

Palavras Chaves: Covid-19; Ensino Remoto Emergencial; Tecnologias Digitais, Educação a Distância (EaD)

Introdução

As relações sociais e educacionais contemporâneas têm sofrido significativas transformações impulsionadas pela apropriação de diferentes tecnologias digitais e por redes de comunicação também digitais. Em virtude da acentuada presença em diferentes áreas na esfera da aprendizagem, a evolução tecnológica digital tem assumido papel determinante para ressignificar novos ambientes educacionais e, portanto, ignorar essas tecnologias é o mesmo que preterir o seu potencial para propiciar inovação, transformação e modernização (MOREIRA, 2018).

Convém ressaltar, que a ênfase não deve ser atribuída à tecnologia, e sim nas condições inerentes aos processos de apropriação tecnológica, que implicam diretamente na qualidade da educação.

O surto do novo coronavírus, identificado como SARS-COV-2 e que causa a doença Covid-19, assim denominado pela Organização Mundial da Saúde (OMS), tem ocasionado transformações profundas na sociedade. De acordo com o Ministério da Saúde, o vírus surgiu em dezembro de 2019 na cidade de Wuhan, na China e rapidamente foi disseminado pelo mundo (BRASIL, 2020).

Em janeiro de 2020, a OMS identificou o surto dessa nova doença como uma emergência de saúde pública de importância internacional e em março de 2020, caracterizou a Covid-19 como uma pandemia (Organização Mundial Pan-Americana de Saúde, 2020).

Segundo Gomes et al. (2020), a transmissão do vírus ocorre através de gotículas respiratórias, do contato direto com objetos ou superfícies contaminadas, fatores que sinalizam as múltiplas vias de transmissão e que justificam a grande necessidade de distanciamento social.

Na tentativa de conter o avanço do vírus, muitos países adotaram o isolamento social, também conhecido como quarentena, suspendendo ou reinventando diversas atividades em diferentes áreas.

Nesse contexto, o cenário mundial no âmbito social, econômico e educacional sofreu visíveis transformações. Atualmente o mundo presencia um novo paradigma de comportamento social, com consequências nas formas de relacionamento, nas atividades corporativas e especialmente na área da educação.

Segundo Lynn (2020), o efeito da Covid-19 nos sistemas educacionais do mundo inteiro resultou em medidas que vão desde suspensão de aulas sem interações com plataformas virtuais até a realização de aulas remotas.

Para Hodges et al. (2020), o Ensino Remoto Emergencial (ERE) traduzido do inglês, Emergency Remote Teaching (ERT) configurou-se como uma mudança temporária para um modo alternativo de aprendizagem, devido a circunstância de crise. Compreende o uso de práticas de ensino totalmente remotas que, de outra forma, seriam ministradas presencialmente ou com formatos híbridos, e que retornarão a essas configurações, assim que a crise ou emergência diminuir ou acabar.

Nessas circunstâncias, não há intenção de recriar um sistema educacional robusto, mas de fornecer acesso temporário a suportes e conteúdos educacionais de maneira rápida, de fácil configuração e confiável, durante uma crise.

Por consequência, esse estudo tem como objetivo refletir sobre o Ensino Remoto Emergencial (ERE) no âmbito do sistema educacional brasileiro, com análise dos processos de implementação e execução, examinando possíveis limitações. Ao mesmo tempo, possibilitar uma abordagem com vistas à difusão do uso das tecnologias digitais, consideradas ferramenta intrínseca às aulas mediadas nesse cenário.

EDUCAÇÃO EM TEMPOS DE PANDEMIA: Educação a Distância, Educação online, Ensino Remoto e Ensino Híbrido: Diferenças e concepções

No Brasil, redes de ensino públicas e privadas interromperam o funcionamento das escolas, adotando uma tendência mundial. O Ministério da Educação publicou em março de 2020, a portaria nº 343, de 17.3.2020, que dispõe sobre a substituição das aulas presenciais por aulas em meios digitais enquanto durar a situação de pandemia no Novo Coronavírus – COVID-19. Sobre essa portaria, Rodrigues e Moraes destacam:

> Escolas particulares e públicas encontram desafios distintos. E, dentre as escolas públicas, pode-se afirmar que algumas encontram mais desafios que outras. Isto porque escolas públicas de regiões mais humildes - as situadas em territórios favelizados, por exemplo – acabam precisando somar à complexidade imposta pelo Covid-19 toda a sorte de problemas econômicos. (RODRIGUES; MORAES, 2020, p.23)

Esse cenário sem precedentes tem exigido do poder público, no âmbito educacional, tomadas de decisões imediatas acerca de questões inéditas, altamente heterogêneas e complexas. Muitas delas, sinalizadas desde estudantes em situações sérias de vulnerabilidade social até a formação de docentes deficitária para o desenvolvimento de metodologias de ensino sem a presença física de professores e alunos.

As vivências impostas pelo distanciamento social implicaram no aumento dos formatos de ensino não presencial e, por consequência, ampliaram o debate acerca das dimensões conceituais que as caracterizam. Portanto, é pertinente distinguir as terminologias sinalizadas nessa seção.

O termo Educação a Distância (EaD) despontou de forma generalizada no contexto educacional, produzindo equívocos conceituais sobre essa modalidade de ensino. Entende-se por Educação a Distância (EaD):

> "A modalidade educacional na qual a mediação didático-pedagógica nos processos de ensino e aprendizagem ocorra **com a utili-**

> **zação de meios e tecnologias de informação e comunicação, com pessoal qualificado, com políticas de acesso**, com acompanhamento e avaliação compatíveis, entre outros, e desenvolva atividades educativas por estudantes e profissionais da educação que estejam em lugares e tempos diversos (BRASIL, 2017, grifo nosso).

Desde a promulgação da Lei de Diretrizes e Bases (LDB) nº 9394/96, a EaD é ofertada nas instituições de ensino, especialmente de nível superior. No entanto, com o impacto da pandemia, as instituições de ensino, os órgãos reguladores, os veículos de comunicação e grande parte da sociedade propagaram a divulgação do termo EaD de forma superficial e, muitas vezes, atribuíram a essa modalidade de ensino características similares a outras terminologias.

As regulamentações que orientam a modalidade de Educação a Distância definem formatos e critérios para sua oferta, sendo sistematicamente acompanhados e avaliados por órgãos reguladores e pelos sistemas de ensino.

Na EaD a interação ocorre de forma sistemática, com inúmeras possibilidades de feedback rápido pela internet em atividades síncronas e assíncronas, possibilitando interação entre aluno e professor e entre aluno e seus pares.

Borba, Malheiros e Amaral (2020), destacam um modelo de curso a distância desenvolvido desde os anos 2000, apoiado em salas de bate-papo, em correio eletrônico e correio usual. Com a expansão desse modelo, novas interfaces foram incorporadas como o uso de fóruns e videoconferências, auxiliadas de comunicadores instantâneos e celulares, com ênfase na manutenção da comunicação entre os participantes.

Diversos meios tecnológicos são necessários para viabilizar essa comunicação. Os Ambientes Virtuais de Aprendizagem (AVA), por exemplo, dispõem de recursos de áudio e vídeo, com possibilidades distintas daquelas nas quais as interações ocorrem apenas pela linguagem escrita.

Como recurso de comunicação assíncrona, ganham destaque os portfólios e fóruns que permitem que os alunos manifestem suas dúvidas, concepções, compartilhem soluções dos problemas propostos, cada um no seu tempo disponível. Já os recursos de interação síncrona, como chats ou videoconferências, favorecem o compartilhamento de ideias em tempo real, mesmo que as pessoas não estejam no mesmo espaço físico (BORBA; MALHEIROS; AMARAL, 2020).

Educação online não é sinônimo de educação a distância. Para Santos (2019), a Educação online se caracteriza como uma modalidade de educação que pode ser vivenciada e efetivada tanto para potencializar situações de aprendizagem mediadas por encontros presenciais, a distância ou híbridos e elucida:

> "O que caracteriza a educação a distância é principalmente a separação física entre os sujeitos e/ou formadores e seus dispositivos e narrativas de formação, a exemplo dos conteúdos, tecnologias, objetos de aprendizagem e o próprio universo cultural e comunicacional dos sujeitos. Já no caso da educação online os sujeitos podem até encontrar-se geometricamente dispersos, entretanto, em potência estão juntos e próximos, compartilhando informações, conhecimentos, seus dispositivos e narrativas de formação, a partir da mediação tecnológica das e com as interfaces e dispositivos de comunicação síncronas e assíncronas e de conteúdos hipertextuais disponíveis no ciberespaço a partir do AVA (SANTOS, 2019, p. 62).

Compreende-se por Educação online, o conjunto de ações de ensino e aprendizagem, ou práticas de currículo mediadas por interfaces digitais que potencializam experiências educacionais interativas, hipertextuais e em mobilidade. Além da autoaprendizagem, as interfaces dos Ambientes Virtuais de Aprendizagem (AVAs) permitem interatividade e aprendizagem colaborativa, ou seja, além de aprender com o material disponibilizado, o participante aprende na dialógica com os outros sujeitos envolvidos – professores, tutores e principalmente outros cursistas, por meio de processos síncronos e assíncronos. "Isso é revolucionário, inclusive quebra e transforma o conceito de distância" (SANTOS, 2019, p. 72).

No momento atual, o distanciamento exigido pela pandemia da Covid-19 deu origem a outra terminologia: Ensino Remoto Emergencial (ERE) que foi instituído por meio de portaria do MEC. No entanto, a legislação vigente não caracteriza, seja no âmbito conceitual ou procedimental, o ERE como uma modalidade de ensino.

Para o movimento "Todos Pela Educação" (2020), o fechamento provisório das escolas gerou grande preocupação sobre uma possível paralisação completa do processo de ensino aprendizagem e, ao mesmo tempo, da redução dos estímulos que visam o desenvolvimento cognitivo e socioemocional dos estudantes.

Nessa circunstância, e especialmente considerando os Ensinos Fundamental e Médio, as estratégias que estimulam e dão suporte as atividades a distância se tornaram essenciais para reduzir os efeitos da crise na educação. Portanto, conforme já fora explicitado, é pertinente analisar as estratégias de Ensino Remoto num cenário inédito de fechamento massivo das escolas.

Atividades remotas e até mesmo atividades mais estruturadas na modalidade EaD apresentam suas limitações e, por consequência, não conseguem substituir a experiência escolar presencial, em particular, quando aplicadas em larga escala no âmbito da Educação Básica.

A portaria nº 544, de 16 de junho de 2020 do Ministério da Educação, dispõe sobre a substituição das aulas presenciais por aulas em meios digitais enquanto durar a situação de pandemia no Novo Coronavírus – Covid-19, na educação superior.

Na perspectiva de Oliveira, Silva e Silva (2020), o ERE exige que gestores, coordenadores e professores, criem ações efetivas para adaptações de conteúdos curriculares, dinâmicas de sala, processo de aprendizagem, formas de avaliação, visando dar continuidade às aulas, mediados por tecnologias.

Tais mudanças exigem reflexões epistemológicas sobre os novos rumos dos processos de ensino e aprendizagem e, ao mesmo tempo, suscitam questionamentos, em especial para a Educação Básica. Uma vez que, a implantação do Ensino Remoto, a partir da apropriação de tecnologias digitais, estabelece práticas pedagógicas que atendam as demandas do contexto atual.

Embora os avanços tecnológico e digital apresentem desenvolvimento contínuo em muitos setores da sociedade, no âmbito educacional, há letargia no processo de integração de tecnologias digitais às práticas pedagógicas. Na ótica de Oliveira, Silva e Silva (2020), essa situação caracteriza um obstáculo à articulação dessas tecnologias às práticas escolares vigentes no contexto da pandemia.

Segundo o Movimento "Todos pela Educação" (2020), as experiências prévias de países e regiões que enfrentaram um fechamento provisório de escolas e a literatura especializada indicam, que o retorno às atividades presenciais não será como a volta de um recesso tradicional. Reforçam que crises como essa geram múltiplos efeitos adversos às pessoas, sejam de natureza emocional, física e cognitiva.

Com a retomada do ano letivo em 2021, o termo Ensino Híbrido ganhou destaque nos debates pertinentes ao âmbito escolar. As autoridades de saúde alertam que o retorno às aulas presenciais precisará ser gradual e cuidadosamente planejado do ponto de vista sanitário, uma vez que essa reabertura é planejada ainda num contexto de pandemia. Fato que exige a adoção de protocolos de higiene a fim de evitar o contágio entre os profissionais da educação, alunos e seus familiares.

Nesse cenário, o Ensino Remoto ganhou destaque, pois viabiliza o retorno gradual das aulas presenciais, permitindo que estas sejam alternadas de forma física e remota. De acordo com Oliveira et al. (2021), o Ensino Híbrido pressupõe a combinação entre estudos no espaço físico e fora dele, combinando modelos presencial e a distância, apoiando-se fundamentalmente nas tecnologias.

No Brasil, a regulamentação proposta para o Ensino Híbrido teve início a partir de 2021. A portaria n. 2.117 de 06 de dezembro de 2019 sugere a utilização de até 40% da carga horário total dos cursos de graduação presenciais, na modalidade EaD.

Para Oliveira et al. (2021), é cada vez mais comum a pluralidade de conteúdo online que complementa as aulas do ensino presencial. Da educação básica à pós-graduação, o Ensino Híbrido tem despontado como uma alternativa que, muito provavelmente ganhará expansão mesmo após o fim da pandemia, no Brasil e nos demais países pelo mundo.

TECNOLOGIAS DIGITAIS: dimensões de acesso para o enfrentamento da pandemia

As políticas públicas educacionais constituem de forma indissociável o desenvolvimento a curto e médio prazos do setor educacional. Por consequência, precisam acomodar de forma abrangente aspectos extracurriculares que certamente influenciam o processo de ensino (CARDOSO; FERREIRA; BARBOSA, 2020).

Ainda para estes autores, o período pelo qual a educação brasileira passa atualmente, na conjuntura da pandemia de COVID-19, tem evidenciado aspectos velados no contexto educacional ao longo dos últimos anos: a inclusão digital e o acesso às tecnologias, dentro e fora das escolas.

A suspensão atípica do ano letivo de 2020, em razão da pandemia escancarou déficits que não podem ser negligenciados. Segundo Cardoso, Ferreira e Barbosa (2020), a criação e implementação de políticas públicas educacionais que assegurem efetivamente a tecnologia para as escolas é essencial ao desenvolvimento da educação no Brasil.

Considerando que a universalização do acesso a essas tecnologias deve romper as barreiras do ambiente educacional e tendo em vista que o processo não ocorre apenas na escola, é exatamente nessa perspectiva que a desigualdade social e de acesso às novas tecnologias fora da escola intensificou a desigualdade de acesso à educação durante esse período pandêmico.

A utilização de tecnologias digitais associada ao forte uso da internet tornou-se, durante o ano de 2020, a única forma possível de se pensar a educação (BORBA; MALHEIROS; AMARAL, 2020). Estes autores ressaltam que somente ter acesso à internet não é o suficiente, é igualmente necessário compreender como os processos de ensino e de aprendizagem ocorrem em ambientes online com tecnologias digitais para que sua qualidade seja assegurada.

De acordo com Boto (2020), na circunstância em que a única forma de acesso à educação se dá por meios virtuais, o direito de acesso à educação está intrinsicamente atrelado ao direito de acesso às tecnologias necessárias para isso. No entanto, o momento atual revela que se, por um lado, a educação remota tem sido uma forma de garantir a educação dos estudantes resguardando a saúde da população, por outro lado, a educação num formato virtual pode segregar uma parcela de alunos, desfavorecidos economicamente.

Há estudantes, especialmente no âmbito da educação pública, que não possuem acesso à internet, ou não dispõem de computadores em casa. Para estes, provavelmente a perda de desempenho será maior, pois além das carências de acesso às tecnologias, estão propensos a sofrerem mais com os aspectos emocionais da crise financeira causada pela pandemia. Ao mesmo tempo, apresentam menos oportunidades de ter uma casa com ambiente adequado para aprendizagem, com espaço silencioso, dispositivos que não precisam ser compartilhados, internet com boa velocidade e acompanhamento dos pais (BOTO, 2020).

Na ótica de Cardoso, Ferreira e Barbosa (2020), o Ensino Remoto Emergencial sem práticas inclusivas tende a fomentar as discrepâncias socioeconômicas e atingir altos índices de reprovação e de baixa de desempenho de alunos menos favorecidos economicamente. Ao mesmo tempo, evidenciam obstáculos para o acesso à educação e às tecnologias inerentes ao ambiente educacional vigente.

Estes mesmos autores sinalizam grandes desafios para a continuidade educacional do Ensino Remoto e destacam que a implementação e operacionalização devem ocorrer de forma igualitária. Nesse contexto, se faz necessário refletir que o Brasil necessita de políticas públicas de inclusão digital e que a desigualdade social é o agente que fomenta a desigualdade de acesso aos bens tecnológicos. Essa exclusão digital perceptível, a todo momento tem sido sentida substancialmente durante a pandemia da Covid-19, e impactado consideravelmente a educação.

Metodologia

Essa pesquisa tem modalidade exploratória fundamentada no levantamento de referências bibliográficas, livros, documentos e artigos científicos. De acordo com Gil (2002), pesquisas dessa natureza têm como objetivo promover proximidade com o problema, a fim de torná-lo mais compreensível, favorecendo a construção de hipóteses.

Também é caracterizada como uma pesquisa bibliográfica, uma vez que, buscam analisar diferentes posições acerca do problema de estudo (GIL, 2002).

Na ótica de Lakatos e Marconi (2008), a metodologia qualitativa analisa e interpreta aspectos mais profundos do comportamento humano, fornecendo análises mais detalhadas sobre tendências de comportamentos.

Nessa perspectiva, esse estudo apresenta abordagem qualitativa. De acordo com Yin (2016), as pesquisas qualitativas contribuem com indicativos sobre conceitos existentes ou emergentes que favorecem aspectos do comportamento social humano e, ao mesmo tempo, favorecem a utilização de múltiplas fontes de evidência.

Como procedimento metodológico foi elaborada uma seleção de termos que nortearam a sondagem realizada em meio eletrônico. Foi realizado um levantamento com os temas correlacionados à Covid-19, Ensino Remoto e Tecnologias Digitais de Informação e Comunicação (TDIC).

Complementamos esse estudo, com a investigação de publicações digitais, artigos científicos, livros, dissertações, entrevistas entre outros. Essas escolhas estão alinhadas com o objetivo dessa pesquisa, uma vez que, esse material bibliográfico reúne conhecimentos sobre a temática pesquisada.

Resultados E Discussões

No âmbito educacional, as transformações sucedidas em consequência da pandemia da Covid-19 suscitaram amplos desafios no Brasil e no mundo. Com a propagação acelerada do vírus, gestores tiveram que tomar medidas emergenciais como a suspensão de aulas presenciais.

De acordo com Silva, Neto e Santos (2020), em todo o mundo, são mais de 90% dos alunos afetados por essas medidas, sendo que algumas instituições adotaram o Ensino Remoto, mediados pelas TDIC.

Convém relatar que em 2019, segundo o Instituto Brasileiro de Geografia e Estatística (IBGE), aproximadamente 73 milhões de pessoas não tinham acesso a saneamento básico. A Pesquisa Nacional por Amostra de Domicílio Contínua (PNAD) - TIC 2018 revela que aproximadamente 42.000.000 de brasileiros não tinham acesso à internet (IBGE, 2018).

Esse cenário revela que o ERE suscita reflexões em relação às barreiras produzidas no acesso à educação, entre os estudantes de classes econômicas mais elevadas e os mais vulneráveis.

A educação é uma atividade imprescindível à sociedade e mesmo em tempos de pandemia não deve ser cessada. No entanto, considerando que a implementação de diretrizes para o ensino deve ser norteada pela qualidade da aprendizagem discente, garantia de acesso e políticas públicas de implementação, o ERE revela suas fragilidades.

As atividades educacionais remotas emergenciais são direcionadas pelos professores por diferentes recursos. O Google Sala de Aula (Google Classroom) é uma ferramenta que diversas instituições têm utilizado para conduzir as aulas e o Ensino Remoto popularizou sua aplicação. Os Ambientes Virtuais de Aprendizagem (AVA) como o Modular Object-Oriented Dynamic Learning Environment (Moodle) e o Sistema Integrado de Gestão de Atividades Acadêmicas (SIGAA) também ganharam forte utilização em instituições de ensino públicas, para o ensino em nível médio, técnico e superior (MENEZES, FRANCISCO, 2020).

Ferramentas como o Google Meet, Microsoft Teams, Zoom e Skipe viabilizaram reuniões online e tiveram sua aplicação popularizada tanto para assegurar aulas como para apoiar outras atividades institucionais. Todas essas destacam as potencialidades das tecnologias digitais.

Para alguns estudantes, sobretudo da Educação Infantil e Ensino Fundamental, o acesso ao conteúdo programático é apresentado aos familiares. Por sua vez, o material disponibilizado pelas unidades de ensino, demandam conhecimentos tecnológicos específicos, acompanhamento sistemático, gestão de tempo e rotina de estudo.

Alunos em situações econômicas mais vulneráveis residem com familiares analfabetos, semialfabetizados e de pouco letramento informático. Estes, muitas vezes eram os únicos responsáveis pela gestão da aprendizagem desses estudantes (RODRIGUES; MORAES, 2020).

Convém destacar que muitos pais e familiares estão trabalhando em suas casas na modalidade home office, sendo necessário, em diversos casos, exercer o horário estabelecido de 8 horas diárias, com possibilidade de monitoramento de presença ao longo do dia, via softwares ou até mesmo webcam (ROCHA; SCHIMIGUEL; PIRES, 2020).

Além disso, alguns desses pais, ou seus filhos, também estão frequentando cursos superiores ou ensino fundamental, médio e técnico, situação que exige uso de um ou mais dispositivos como *notebooks, smartphones, tablets*, entre outros.

Com o crescimento no uso de ferramentas e de recursos de TDIC, o trabalho do educador passou por reformulações, considerando que espaços de ensino e aprendizagem assumiram novas dinâmicas. Por consequência, esse profissional terá que dispor de novos aprendizados mediados por tecnologias (SCHIMIGUEL; FERNANDES; OKANO, 2020).

O cenário de pandemia provocou implicações na prática docente de forma abrupta. Professores e professoras, de uma hora para outra, foram inseridos num contexto de adaptação de estratégias de ensino mediadas pelo uso de tecnologias digitais.

Aos docentes, em tempo recorde, foi dada a atribuição de inteirar-se das ferramentas online e adequar-se ao Ensino Remoto, dando-lhes, inclusive, a responsabilidade de despertar o interesse dos estudantes (PONTES; ROSTAS, 2020).

Muitos educadores receberam novas atribuições que transcendem o processo de ensino e aprendizagem. Entre elas, a adaptação de conteúdos e de rotina para um modelo diferente do habitual, troca de experiências pedagógicas síncronas e assíncronas, participação em reuniões virtuais em horários divergentes ao seu trabalho presencial, adaptação da residência para interação com alunos e colegas de trabalho (PONTES; ROSTAS, 2020).

Convém destacar que o engajamento dos alunos no Ensino Remoto tem sido outro grande desafio. Se manter o envolvimento e participação no ensino presencial já era um desafio, nesse contexto de Ensino Remoto essa dificuldade é potencializada, seja por questões emocionais relacionadas ao isolamento social, como também pelo aumento de distrações ao alcance desses estudantes.

Os impactos na dimensão da saúde e na dimensão da economia dos estudantes se relacionam intrinsicamente com os processos de construção do conhecimento. A perda de emprego e renda dos pais, redução do convívio social, perda de rotina, o medo de adquirir a doença, os diagnósticos positivos para a Covid-19, internações e situações de famílias enlutadas, sinalizam que os aspectos emocionais ganham expressiva notoriedade nesse contexto de pandemia (MENEZES; FRANCISCO, 2020).

Com isso estudantes, docentes, pais e/ou responsáveis vivenciam aflições peculiares no âmbito do Ensino Remoto Emergencial, explorando variadas plataformas e recursos digitais que aumentam os desafios da aprendizagem e, ao mesmo tempo, enfrentando aspectos socioemocionais inerentes a esse contexto de pandemia.

Considerações Finais

A partir do que foi exposto, esse estudo sinaliza que o impacto da pandemia tem revelado desigualdades sociais que são potencializadas pelo avanço do vírus, particularmente na população mais vulnerável.

O objetivo desta pesquisa, conforme destacado anteriormente, consiste em refletir sobre o ERE no âmbito do sistema educacional brasileiro, assim como os processos de utilização das tecnologias digitais. A literatura revela que os docentes tiveram que se adequar de forma repentina, às novas estratégias de ensino mediadas por tecnologias digitais e que alguns apresentam pouca familiaridade com uso de equipamentos digitais.

De um lado pais, responsáveis e familiares foram encarregados de acompanhar e gerir de forma sistemática a aprendizagem dos estudantes. Poucos apresentam aptidão para desempenhar tal função, seja pela formação insuficiente ou pela dificuldade de estabelecer uma rotina de estudo favorável à aprendizagem.

De forma abrangente, a Internet é o recurso propagador das ações de aprendizagem no contexto de Ensino Remoto Emergencial. No entanto, esse estudo revela que o acesso não é democratizado e essa realidade reforça a exclusão digital.

Além disso, aspectos relacionados à infraestrutura tecnológica (equipamentos e profissionais de Tecnologia da Informação) nas escolas e demais instituições educacionais, bem como a infraestrutura tecnológica presente nas residências dos estudantes e professores são barreiras que afetam as experiências de ensino e aprendizagem.

As políticas públicas no âmbito educacional são alicerces elementares para a qualidade da educação e os desafios já revelados no ensino presencial, agora são revertidos para o Ensino Remoto. Com isso, os impactos do período de pandemia na educação serão sentidos a curto e a longo prazo, com destaque a evasão escolar, perda de desempenho e reprovação. A médio e a longo prazo, há grande tendência que níveis de qualidade da educação retrocedam.

É inegável que o ensino em ambientes virtuais durante a pandemia oferece benefícios aos estudantes que têm acesso, viabilizando a manutenção da rotina e favorecendo a continuidade do processo de aprendizagem.

No entanto, a pandemia evidenciou o isolamento pedagógico educacional, social e tecnológico no sistema educacional brasileiro. Embora, o processo de construção de conhecimento não foi interrompido em sua totalidade, será marcado por lacunas no desenvolvimento cognitivo de grande parte dos estudantes.

Por tudo o que foi exposto, há evidências que o Ensino Remoto Emergencial fomentou a exclusão e acentuou a qualidade da educação pública. Como trabalhos futuros, essa temática sugere reflexões para o direcionamento pedagógico, num contexto de retomada das aulas presencias.

É imprescindível perfazer as lacunas ocasionadas pelo ERE, com ações que contemplem a desigualdade, especialmente aos estudantes que não tiveram acesso à educação remota, reparando aprendizagem e contribuindo para seu desenvolvimento cognitivo e social.

Referências

BORBA, M. C.; MALHEIROS, A. P. S.; ZULATTO, R. B. A. **Educação a Distância online**. 5ª edição. Belo Horizonte: Autêntica, 2020.

BOTO, C. **A educação e a escola em tempos de coronavírus**. Jornal da USP, ano 2020. Disponível em: https://jornal.usp.br/artigos/a-educacao-e-a-escola-em-tempos-de-coronavirus/ Acesso em 28 fev. 2021.

BRASIL. Ministério da Educação. LDB – **Lei nº 9394/96, de 20 de dezembro de 1996**. Estabelece as diretrizes e bases da Educação Nacional. Brasília: MEC, 1996.

_______. Ministério da Educação**. Decreto n. 9.057, de 25 de maio de 2017**. Dispõe sobre a Educação a Distância. Brasília, DF, 2017.

______. Ministério da Educação. **Portaria n. 2.117, de 06 de dezembro de 2019**. Dispõe sobre a oferta de carga horária na modalidade de Ensino a Distância – EaD, em cursos de graduação presenciais ofertados por Instituições de Educação Superior – IES pertencentes ao Sistema de Ensino Federal. Brasília, DF, 2019. Disponível em: https://www.in.gov.br/en/web/dou/-/portaria-n-2.117-de-6-de-dezembro-de-2019-232670913. Acesso em 22 fev. 2021.

______. Ministério da Educação. **Portaria n. 343, de 17 de março de 2020**. Dispõe sobre o ensino remoto na pandemia da COVID-19. Brasília, DF, 2020. Disponível em: https://www.in.gov.br/en/web/dou/-/portaria-n-343-de-17-de-marco-de-2020-248564376. Acesso em 10 fev. 2021.

______. Ministério da Educação. **Portaria n. 544/2020.** Dispõe sobre a substituição das aulas presenciais por aulas em meios digitais, enquanto durar a situação de pandemia do novo coronavírus – Covid -19, e revoga as Portarias MEC n. 343, de 17 de março de 2020, n. 345, de 19 de março de 2020, e nº 473, de 12 de maio de 2020. Brasília, DF, 2020. Disponível em: https://www.in.gov.br/en/web/dou/-/portaria-n-544-de-16-de-junho-de-2020-261924872. Acesso em 21 fev. 2021.

______. Ministério da Saúde. **Coronavírus (COVID-19)**. Brasília, DF, 2020. Disponível em: https://www.gov.br/saude/pt-br. Acesso em: 09 fev. 2021.

CARDOSO, C. A; FERREIRA, V A, BARBOSA, F.C.G. (Des)igualdades de acesso à educação em tempos de pandemia: uma análise do acesso às tecnologias e das alternativas de ensino remoto. **Revista Com Censo**: Estudos Educacionais do Distrito Federal, v.7, n.3, p.38-46, 2020. Disponível em: http://www.periodicos.se.df.gov.br/index.php/comcenso/article/view/929 Acesso em 27 fev. 2021.

GIL, A. C. **Como elaborar projetos de pesquisa**. São Paulo: Atlas, 2002.

GOMES, V. T. S; et al. A Pandemia da Covid-19: Repercussões do Ensino Remoto na Formação Médica. **Revista Brasileira de Educação Médica.** Brasília, v. 44. n.4, 2020. Disponível em: https://www.scielo.br/scielo.php?script=sci_arttext&pid=S0100-55022020000400602. Acesso em: 14 fev.2021

HODGES, C.; et al. Diferenças entre o aprendizado online e o ensino remoto de emergência. **Revista da Escola, Professor, Educação e Tecnologia.** Recife, v.2, p.1-12 2020. Traduzido por: AGUIAR, D; AMORIM, A.N; CERQUEIRA, L. Disponível em: https://escribo.com/revista/index.php/escola/article/view/17/16. Acesso em 15 fev. 2021.

IBGE. Instituto Brasileiro de Geografia e Estatística. **Pesquisa Nacional por Amostra de Domicílio Contínua (PNAD) - TIC 2018**. Disponível em: https://agenciadenoticias.ibge.gov.br/agencia-sala-de-imprensa/2013-agencia-de-noticias/releases/27515-pnad-continua-tic-2018-internet-chega-a-79-1-dos-domicilios-do-pais. Acesso em: 28 fev. 2021.

_____. Instituto Brasileiro de Geografia e Estatística **- Estimativa de população 2019.** Disponível em: https://www.ibge.gov.br/estatisticas/sociais/populacao/9103-estimativas-de-populacao.html?edicao=25272&t=resultados. Acesso em: 28 fev. 2021.

LAKATOS, E. M.; MARCONI, M. A. **Metodologia Científica**. 5 ed. São Paulo: Atlas, 2008.

LYNN, Alves. Educação Remota: entre a ilusão e a realidade. **Interfaces Científicas- Educação**. Aracajú, v.8, n.3. p. 348-365, 2020. Disponível em: https://periodicos.set.edu.br/educacao/article/view/9251. Acesso em: 09 fev. 2021.

MENEZES, S.K.O., FRANCISCO, D.J. Educação em tempos de pandemia: aspectos afetivos e sociais no processo de ensino e aprendizagem. **Revista Brasi-**

leira de Informática na Educação – RBIE Brazilian Journal of Computers in Education, v. 28, p. 985-1012, 2020. Disponível em: https://www.br-ie.org/pub/index.php/rbie/article/view/v28p985. Acesso em: 02 mar. 2021.

MOREIRA, J.A. Reconfigurando ecossistemas digitais de aprendizagem com tecnologias audiovisuais. **Em Rede – Revista de Educação a Distância**, v.5. n.1. p.55-15. Portugal, 2018. Disponível em: https://www.aunirede.org.br/revista/index.php/emrede/article/view/305 Acesso em 03 mar. 2021.

OLIVEIRA, S.S.; SILVA, O.S.F.; SILVA, M.J. O educar na incerteza e na urgência: implicações do ensino remoto ao fazer docente e a reinvenção da sala de aula. **Interfaces Científicas – Educação**, v.10. n.1, p. 25-40, 2020. Disponível em: https://doi.org/10.17564/2316-3828.2020v10n1p25-40 Acesso em: 02 mar. 2021.

OLIVEIRA, M. B.; et. al**. O ensino híbrido no Brasil após a pandemia do covid-19**. Brazilian Journal de Development, Curitiba, vol. 7. n.1, 2021.

ORGANIZAÇÃO PAN-AMERICANA DA SAÚDE/ORGANIZAÇÃO MUNDIAL DA SAÚDE. **Coronavírus**, 2020.

PONTES, F. R.; ROSTAS, M. H. S. G. Precarização do trabalho docente e adoecimento: COVID-19 e as transformações no mundo do trabalho, um recorte investigativo. **Revista Thema**. v.18 (especial), p. 278-300, 2020. Disponível em: http://periodicos.ifsul.edu.br/index.php/thema/article/view/1923. Acesso em 11 fev. 2021.

ROCHA, C. R. S.; SCHIMIGUEL, J.; PIRES, G.V. Estudo em casa na pandemia: panorama interdisciplinar sobre os responsáveis e filhos. **Research, Society and Development**, Brasil, v.9, n.9, 2020. Disponível em: https://rsdjournal.org/index.php/rsd/article/view/6531/6154. Acesso em: 12 fev. 2021.

RODRIGUES, S. C.; MORAES, R. C. P. Educação de crianças da escola pública residentes em territórios favelizados: Os desafios de uma observação de cunho etnográfico durante a pandemia. **RECITE**: Revista Carioca de Ciência, Tecnologia e Educação [online], Rio de Janeiro, v. 5, n. especial, 2020. Disponível em: https://recite.unicarioca.edu.br/rccte/index.php/rccte/article/view/152. Acesso em: 10 fev. 2021

SANTOS, E. **Pesquisa-formação na cibercultura**. Teresina: EDUFPI, 2019.

SCHIMIGUEL, J.; FERNANDES, M. E.; OKANO, M. T. Investigando aulas remotas e ao vivo através de ferramentas colaborativas em período de quarentena e COVID-19: relato de experiência. **Research, Society and Development**, Brasil, v. 9, n. 9, 2020. Disponível em: https://rsdjournal.org/index.php/rsd/article/view/7387. Acesso em: 12 fev. 2021.

SILVA, E. H. B; NETO, J. G. S; SANTOS, M. C. Pedagogia da Pandemia: Reflexões sobre a educação em tempos de isolamento social. **REALEC**: Revista Latino-Americana de Estudos Científicos [online]. Universidade Federal do Espírito Santo, Universidade do Estado da Bahia, Universidade Federal do Vale do São Francisco e Universidade Federal da Bahia, n.1, v.4, p. 29-44. Vitória: UFESUNEB-UNIVASF-UFSA, 2020. Disponível em: https://periodicos.ufes.br/ipa/issue/view/1177. Acesso em 16 fev. 2021.

TPE. Todos pela Educação. **Nota técnica: Ensino a distância na educação básica frente à pandemia da Covid-19**, 2020. Disponível em: https://crianca.mppr.mp.br/arquivos/File/publi/todos_pela_educacao/nota_tecnica_ensino_a_distancia_todospelaeducacao_covid19.pdf Acesso em 28 fev. 2021.

TPE. Todos pela Educação. **Nota técnica: O retorno às aulas presenciais no contexto da pandemia da Covid-19**, 2020. Disponível em: https://crianca.

mppr.mp.br/arquivos/File/publi/todos_pela_educacao/nota_tecnica_volta_as_aulas_todospelaeducacao_covid19.pdf Acesso em 28 fev. 2021.

YIN, R.K. **Pesquisa qualitativa do início ao fim**. Tradução: Daniel Bueno; Revisão técnica: Dirceu da Silva. Porto Alegre: Penso, 2016.

Capítulo 2

Os Ambientes Virtuais de Ensino-Aprendizagem: Blackboard, Canvas e Classroom

Prof. Ms. Thiago dos Santos Horta
thiago@espacocolaborativo.com.br
http://lattes.cnpq.br/9906903548059661

Prof. Ms. Gilmar Afonso de Lucas
gilmar@espacocolaborativo.com.br
http://lattes.cnpq.br/0563892945781403

Resumo

A gestão das atividades em sala de aula apresentou uma nova dinâmica e também novas oportunidades para o processo de ensino-aprendizagem principalmente em 2020 por conta da Pandemia e do afastamento social, assim a inclusão de Ambientes Virtuais de Aprendizagem trouxe mudanças significativas para o ensino. A educação a distância será direcionada para novas abordagens, independente do curso ou da área de atuação dos estudantes. Neste contexto, os Ambientes Virtuais de Aprendizagem (AVA) ou Ambientes Virtuais de Ensino e Aprendizagem (AVEA) contribuirão para a criação de novos caminhos voltados para a educação em nível mundial. Neste capítulo, apresentaremos relatos de professores-tutores descrevendo abordagens extracurriculares e experiências sobre a aplicação prática de projeto colaborativo, bem como sobre a importância dos encontros via ferramenta *Colla-*

borate e ainda algumas informações sobre a otimização dos Ambientes Virtuais de Aprendizagem, suas vantagens e benefícios com exemplos práticos de utilização, tanto pelos professores quanto pelos alunos. Por meio dessa abordagem extracurricular demonstraremos com objetivos específicos com a intenção de tornar cada vez mais o aluno como protagonista na absorção, aplicação, revisão e fixação de todo conteúdo apresentado em suas aulas de como essa metodologia ativa será aplicada em sua trajetória acadêmica.

Palavras-chave: Ambiente Virtual de Aprendizagem, Educação, Aplicação.

Abstract

The management of classroom activities presented a new dynamic and also new opportunities for the teaching-learning process, mainly in 2020 due to Pandemic and social exclusion, thus the inclusion of the Learning Management System brought significant changes to teaching. Distance education will be directed towards new approaches regardless of the course or the area of activity of the students. In this context, the Learning Management System (LMS) will contribute to the creation of new paths towards education worldwide, in this chapter we will present reports from tutor tutors describing the extracurricular approaches and experiences about the practical application of collaborative design, as well as the importance of meetings via the Collaborate tool and some information about the optimization of Learning Management System, their advantages and benefits with practical examples of use, both by teachers and students. Through this extracurricular approach we will demonstrate with specific objectives with the intention of making the student more and more the protagonist in the absorption, application, review and fixation of all the content presented in his classes of how this active methodology will be applied in his academic trajectory.

Keywords: Learning Management System, Education, Application.

1. Introdução

As formas de ensino estão em constante evolução, tendo como suporte a tecnologia que também evolui rapidamente dia após dia. O modo de se ensinar e/ou aprender hoje difere-se e muito o de tempos atrás, onde não era tão avançado. Um dos motivos recentes para este forte e rápido avanço tecnológico se dá ao fato da pandemia (COVID-19) que acabou por pegar a todos de surpresa mudando drasticamente o cenário global em suas diversas esferas.

> Como diz Passos (1999, p. 97), "Um cenário complexo vem se apresentando para os professores no ambiente escolar. Os modelos prescritivos, os procedimentos, os métodos e os instrumentos utilizados até então já não dão conta desse cenário..."

Devido à pandemia, que se iniciou em 2019, houve uma intensa alteração no modo de ensinar, as aulas presenciais passaram a ter que incorporar elementos antes mais utilizados na educação a distância. Os autores Moore e Kearsley em 2007 definiram educação a distância da seguinte maneira:

> "Educação a distância é o aprendizado planejado que ocorre normalmente em um lugar diferente do local de ensino, exigindo técnicas especiais de criação do curso e de instrução, comunicação por meio de várias tecnologias e disposições organizacionais e administrativas especiais." (MOORE; KEARSLEY, 2007, p.2)

Os Ambientes Virtuais de Aprendizagem já existem há tempos, são a base para a Educação a Distância, agora, podemos dizer que também para a modalidade presencial, a sua utilização teve um aumento muito mais significativo nos dias atuais, principalmente devido à pandemia onde professores e alunos tiveram que se reinventar.

No Brasil existe a Associação Brasileira de Educação a Distância (ABED), criada para o desenvolvimento da educação aberta, flexível e a distância, estimulando a prática e o desenvolvimento de projetos em Educação a Distância em todas as suas formas. Ela realiza, periodicamente, censos sobre o volume de matrículas em EaD.

A partir do ano de 2009 até o ano de 2012 houve um crescimento significativo de cerca de 5 milhões de alunos. Entre o ano de 2013 e 2014 houve uma queda no volume de alunos, provavelmente devido à mudança no cenário econômico. Seguido a isso, em 2015, houve um pequeno aumento na quantidade de matrículas. Já entre os anos de 2015 e 2016, percebemos uma ligeira queda no número total de matrículas. Porém, a partir de 2017 houve novamente um aumento significativo, onde mais de 1.500.000 novos alunos se matricularam em cursos a distância em 2018. A tendência de aumento na quantidade de matrículas dessa modalidade consolida a EaD como opção de formação.

A quantidade total de matrículas contabilizadas pelo Censo EAD.BR, desde 2009 até 2018, pode ser observada na figura 1:

Figura 1: Matrículas contabilizadas desde 2009

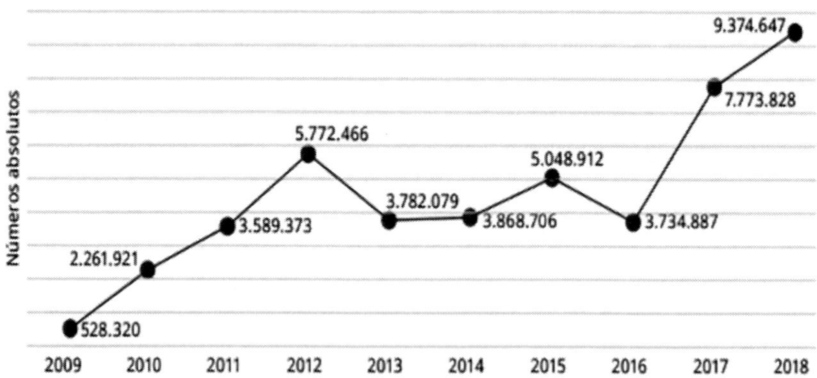

Fonte: ABED

Pode-se observar que já há uma tendência de crescimento na modalidade EaD e que, por conta da Pandemia, deve aumentar substancialmente. Ainda não foram evidenciados os dados entre os anos de 2018 e 2020, porém, é visto que grande parte das instituições de ensino, em todos os níveis, estão investindo cada vez mais nessa modalidade.

2. Referencial Teórico

A utilização das tecnologias traz consigo uma nova forma de aprendizagem através da interação entre os indivíduos envolvidos neste processo de ensino. Especificamente, após a onda da COVID-19, o processo educativo expande-se para além dos muros das escolas e das universidades com a modalidade de ensino a distância. As tecnologias aqui apresentadas são relatos de diversos autores apontando para esta tendência.

Conforme Araújo e Silveira (2006) elucidam, com a tecnologia, a educação passa a ser uma rica trama de interações e de construção de conhecimento.

Mattos e Burnham (2005, p.2) em seu artigo EaD: Espaço de (In) Formação/ Aprendizagem de professor-produtor demonstram que:

> "a Educação a Distância traz características próprias que impõem a necessidade de novas aprendizagens por parte de quem planeja, desenvolve e avalia, implicando, inclusive, na necessidade de que seja construída uma nova maneira de compreender o processo de ensino e aprendizagem."

Nos cursos a distância, é importante que o professor-tutor esteja capacitado para utilização dos recursos tecnológicos, assim podendo potencializar a forma de interação e transmissão dos conhecimentos entre os atores envolvidos no processo de aprendizagem.

> [...] a responsabilidade ética, política e profissional do ensinante lhe coloca o dever de se preparar, de se capacitar, de se formar antes mesmo de iniciar sua atividade docente. Esta atividade exige que sua preparação, sua capacitação, sua formação se tornem processos permanentes. Sua experiência docente, se bem percebida é bem vivida, vai deixando claro que ela requer uma formação permanente do ensinante. Formação que se funda na análise crítica de sua prática (FREIRE, 1993, p. 28).

Por meio da utilização de Ambientes Virtuais de Aprendizagem (AVAs) são possíveis interações síncronas e assíncronas entre os usuários, disponibilização de materiais didáticos, criação de diversos tipos de atividades, integração de diferentes ferramentas, entre outros recursos.

> "[...] é um ambiente de gestão e construção integradas de informação, comunicação e aprendizagem online. Tal como o site, é, na verdade, uma hiperinterface, podendo reunir diversas interfaces síncronas e assíncronas integradas. É a sala de aula online não restrita à temporalidade do espaço físico. (SILVA, 2010, p. 49)"

Nos dias atuais existem diversos AVAs, neste trabalho, como exemplo, iremos considerar os seguintes: Blackboard, Canvas e Google Classroom.

3. Ambientes Virtuais De Ensino Aprendizagem

3.1 Blackboard

Figura 2: Logo Blackboard

Blackboard

A Blackboard é uma empresa norte-americana criada em 1997 que desenvolve e comercializa diversas soluções educacionais tecnológicas (EdTech) focadas em ensino e aprendizagem, sendo, atualmente, a líder global neste segmento.

Dentre essas soluções podemos citar: Blackboard Learn, Aplicativos (Student e Instructor), Collaborate, entre outras.

3.1.1 Blackboard Learn

É um Ambiente Virtual de Aprendizagem (AVA) com interface amigável e bem intuitiva que permite criação e incorporação de diversos tipos de conteúdos, integração entre sistemas, comunicação entre os usuários (alunos, professores, coordenadores e/ou outros colaboradores), além de geração de relatórios para acompanhamento da vida acadêmica dos usuários no ambiente, visando o sucesso em sua formação. No Brasil é utilizado em mais de 250 instituições, na maioria das vezes, sendo elas privadas de Ensino Básico, Ensino Superior e/ou Empresas. Alguns exemplos dessas instituições são: Cruzeiro do Sul Educacional, Laureate, Universidade Paulista - UNIP etc.

3.1.2 Aplicativos - Bb Student e Bb Instructor

Figura 3: Bb Student

O aplicativo visa que o aluno possa estudar a qualquer hora e em qualquer lugar, se mantendo sempre "antenado" com o que acontece em seu curso. Por meio dele é possível acessar o conteúdo das disciplinas, realizar os testes e exercícios, interagir nos fóruns de discussão, verificar as notas, entre outros recursos. Ele está disponível tanto na versão para iOS quanto na versão para Android.

Figura 4: Bb Instructor

O Blackboard Instructor é um aplicativo criado especificamente visando a utilização do professor. Com ele, o usuário pode visualizar e modificar o conteúdo das disciplinas, corrigir atividades, interagir com os alunos nos fóruns de discussão entre outros recursos. Ele também está disponível tanto na versão para iOS quanto na versão para Android.

3.1.3 Blackboard Collaborate

O Blackboard Collaborate é uma ferramenta de webconferência que promove a interação dos usuários de forma síncrona e, por meio dela, há a possibilidade de utilização de diversos recursos, tais como: compartilhar o áudio, o vídeo, arquivos, uma janela ou toda a tela do computador, quadros brancos, criação de enquetes e grupos dedicados (breakout groups). Além desses recursos o Moderador tem a possibilidade de gravar as sessões, podendo disponibilizá-las posteriormente. Por rodar diretamente no navegador, não há necessidade de instalação de nenhum programa para poder utilizá-lo. A figura 5 demonstra os autores ministrando uma aula via Collaborate aos alunos dos cursos técnicos de uma instituição de ensino de São Paulo - SP.

Figura 5: Blackboard Collaborate

Fonte: Elaborada pelos autores

3.2 Instructure - Canvas

A Instructure é uma empresa norte-americana criada em 2008 por dois estudantes do curso de Engenharia de Software, juntamente com o auxílio de seu professor da disciplina de Empreendedorismo, como trabalho de conclusão de curso desenvolveram o Canvas LMS baseado nas necessidades de diversas instituições de ensino.

Figura 6: Logo Instructure

Fonte: Instructure Inc.

3.2.1 Canvas LMS

O Canvas LMS é um ambiente aberto lançado oficialmente no ano de 2011 pela empresa de tecnologia educacional Instructure. Conta com uma interface gráfica bem moderna que facilita o seu entendimento, seu design é responsivo, ou seja, se adequa a tela do dispositivo que está sendo utilizado. O ambiente possui diversos recursos, entre eles calendários, testes, a sua área de notas possui uma ferramenta chamada SpeedGrader, por meio dela, os tutores podem visualizar e avaliar os trabalhos enviados pelos alunos de uma maneira simples e rápida, podendo dar o feedback por texto, gravar a voz e converter para texto, áudio/vídeo, outro recurso muito útil é o Blueprint que facilita a publicação de conteúdos nas disciplinas.

Além disso, o Canvas LMS possui uma Application Programming Interface (API) que permite a comunicação dele com ferramentas como o Microsoft Teams, Zoom, Google Classroom, entre diversas outras.

Atualmente, o ambiente é utilizado em diversos locais do mundo, sendo que na América do Norte ele já ocupa o 1º lugar em implementações. No Brasil ele também já está sendo utilizado, sendo alguns exemplos de instituições de ensino:

Centro Universitário das Américas (FAM), Cruzeiro do Sul Educacional, Escola Superior de Propaganda e Marketing (ESPM) entre outras.

3.2.2 Canvas Student

O Canvas Student é um aplicativo criado para que os usuários possam acessar o ambiente de uma maneira simples. Com ele, os alunos podem acompanhar suas tarefas, enviar e receber mensagens, interagir em discussões, assistir videoaulas, responder questionários, além disso, receber notificações push com informações sobre atualizações nas disciplinas. Ele está disponível tanto na versão para iOS quanto na versão para Android.

Figura 7: Logo Canvas Student

CANVAS STUDENT

Fonte: Instructure

3.3 Alphabet - Google

No ano de 2015 houve uma reestruturação na Google, em decorrência dela, foi criada a Alphabet Inc., uma holding para controlar todos os seus serviços, tais como o seu motor de buscas (Google Search), o Sistema Operacional (SO) Android, o navegador Chrome, a sua plataforma de compartilhamento de vídeos Youtube, diversos aplicativos etc. Além disso, também outras empresas, como por exemplo a Life Sciences, Calico entre outras. Atualmente, a Alphabet é uma das cinco maiores empresas de tecnologia do mundo.

Figura 8: Logo Alphabet Inc.

Alphabet

Fonte: Alphabet Inc.

3.3.1 Google Classroom - Google Sala de Aula

O Google Classroom, no Brasil Google Sala de Aula, é gratuito para instituições de ensino, ONGs e usuários comuns, ele foi lançado oficialmente no ano de 2014. A Google o define como uma plataforma de controle para sala de aula que reúne as ferramentas do G Suite do Google para professores e alunos. Entre essas ferramentas podemos contar com Agenda, Drive, Formulários, Gmail, Apresentações, Documentos, Planilhas etc.

No Classroom o professor pode, de uma forma bem simples, criar, gerenciar e compartilhar links de acesso para turmas, publicar informações no mural, customizar o tema e a foto da turma, enviar e-mails para os usuários, criar testes, receber arquivos, realizar videoconferências (Meet), avaliar os alunos por meio da área de notas etc.

O Google Classroom também é compatível com diversos aplicativos educacionais, tais como: Edcite, CodeHS, Writable, entre outros.

No Brasil ele já é utilizado por diversas instituições de ensino. Alguns exemplos dessas instituições são: Universidade La Salle, Univates, etc.

3.3.2 Aplicativo Google Classroom

Figura 9: Logo Google Classroom

Fonte: Alphabet Inc.

O Google Sala de Aula também possui um aplicativo, ele dispõe de praticamente os mesmos recursos da versão web, os professores podem rapidamente inserir alunos ou compartilhar o código de acesso à turma, também criar e organizar conteúdos, avaliar atividades, publicar avisos e até criar uma sessão de videoconferência. Ele também está disponível tanto na versão para iOS quanto na versão para Android.

3.3.3 Google Meet

O Google Meet, anteriormente conhecido como Google Hangouts, é um dos recursos da Google que também está disponível no Google Classroom, por meio dele é possível criar sessões de videoconferência, agendar e compartilhar facilmente o link de acesso para que usuários externos possam acessar a sessão.

Na sessão é possível se comunicar por meio do chat e também por meio de áudio e vídeo, criar um quadro de comunicações, compartilhar apresentações, a tela inteira do computador ou uma janela única, alterar o layout do ambiente, o plano de fundo etc.

O Meet funciona no navegador, mas, também possui um aplicativo próprio que está disponível tanto na versão para iOS quanto na versão para Android.

Figura 10: Logo Google Meet

Google Meet

Fonte: Alphabet Inc.

4. Aplicações

Com muitas Instituições de Ensino fechadas o Ensino a Distância (EaD) acabou por adquirir cada vez mais adeptos, pessoas que ainda eram resistentes ao uso da Tecnologia acabaram por se render a ela, fazendo com que o seu ensino-aprendizagem se transformasse de maneira significativa, tornando-a mais ativa, com um novo universo de possibilidades. Foram apresentados dois trabalhos no 23º CIAED - Congresso Internacional ABED de Educação a Distância que ocorreu entre os dias 17 a 21 de setembro de 2017, na cidade de Foz do Iguaçu, Paraná, Brasil. Conforme os Projetos (1 e 2) descritos abaixo:

Projeto 1 - Abordagem Extracurricular e Projeto Colaborativo: Aplicação de Metodologia Ativa no Curso Técnico de Administração a Distância. http://www.abed.org.br/congresso2017/trabalhos/pdf/404.pdf

Projeto 2 - Cursos Técnicos Híbridos: Interdisciplinaridade e Colaboração. http://www.abed.org.br/congresso2017/trabalhos/pdf/405.pdf

A busca constante por integrar os alunos, com as ferramentas disponíveis em nosso sistema de educação trouxe uma reflexão sobre como poderíamos contribuir para que a aprendizagem fosse mais plena e duradoura possível. A partir da nossa atuação, buscamos compreender o nosso papel na aprendizagem dos alunos em relação ao ensino a distância.

Refletimos sobre como desempenhar este papel para contribuir de uma forma síncrona e assíncrona para que os alunos pudessem utilizar atividades como o Arco de Maguerez a fim de desenvolver a ferramenta de aprendizagem não somente para o aspecto pessoal e profissional, mas também nos aspectos econômicos, políticos e culturais.

Iniciamos com aplicação com os alunos do curso técnico e migramos para as instituições de ensino superior (IES), por terem cursos que envolvem tanto a área de exatas, tendo disciplinas aplicadas a gestão, entre outras, bem como envolve a área de humanas, neste caso conseguem abordar diversos assuntos de forma extracurricular, mas relacionando com as disciplinas cursadas, tendo em vista a formação acadêmica de cada um com a realidade educacional do nosso país.

Com a utilização do Ambiente Virtual de Aprendizagem temos como principal característica o desenvolvimento e a análise da pesquisa exploratória dos alunos em formato de atividades, por meio das tecnologias que foram incorporadas na educação presencial e a distância com o objetivo de fortalecer o processo ensino- aprendizagem. A intenção é que os alunos possam desenvolver e integrar os conhecimentos teóricos, mas de uma maneira prática, utilizando uma metodologia acadêmica, fornecida como suporte ao aprendizado, capaz de melhorar o aprendizado e a interação entre professor e aluno. Conforme a figura 11:

Figura 11: Metodologia do Arco

Fonte: elaborada pelos autores (Adaptado de BORDENAVE & PEREIRA, 1982)

Com o Arco de Maguerez, que se constitui nas cinco etapas abaixo em seus participantes:

1 - Observação da realidade e definição do problema;
2 - Pontos-chave;
3 - Teorização;
4 - Hipóteses de solução;
5 - Aplicação à realidade.

A Metodologia do Arco traz como ponto de partida a observação da realidade, de maneira ampla, atenta, em que se busca identificar o que precisa ser trabalhado, investigado, corrigido, aperfeiçoado. É nesta etapa que se incentivam leituras de pesquisas e estudos a fim de buscar o esclarecimento da situação-problema.

Nossa atuação não pode ficar atrelada somente aos esclarecimentos de dúvidas das disciplinas, é necessária a habilidade investigativa para compreender qual é a melhor forma de contribuir para a aprendizagem do aluno. A motivação pela continuação ou não dos alunos nas disciplinas a distância também faz parte desse papel. Somos responsáveis pela interatividade entre os alunos e com eles também.

Figura 12: Características da EaD

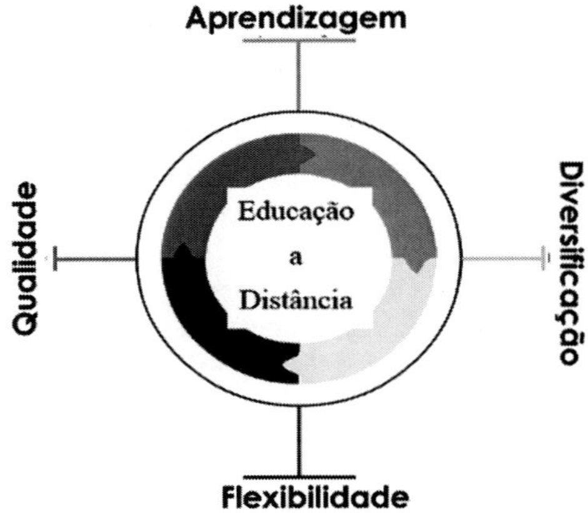

Fonte: elaborada pelos autores

Nesse contexto, se faz importante aplicar metodologias ativas que contribuam para que possamos exercer plenamente nosso papel, principalmente pelo fato de que a nossa prática educativa é fundamental para a formação de um bom profissional.

Partimos para a ideia do saber fazer novamente, agora que procuramos entender a nossa realidade e quais experiências queremos compartilhar para se alcançar a solução da situação problema. Ou ainda vamos utilizar a criatividade e o pensamento crítico, para desenvolvermos os nossos conhecimentos acadêmicos e científicos para resolver qualquer problema.

5. Considerações Finais

Assim, diante do exposto, neste trabalho pode-se inferir que os métodos de ensino estão em constante mudança. A tecnologia, que já se fazia presente dando suporte em diversos segmentos, tem evoluído em uma velocidade sem precedentes, agora, em tempos de pandemia e distanciamento social, ela se torna ainda mais relevante, principalmente na educação.

Os Ambientes Virtuais de Aprendizagem (AVAs) se apresentam como instrumentos facilitadores para as atividades acadêmicas por proporcionarem acesso a diversos recursos digitais que, de certa forma, aproximam os alunos dos professores-tutores, em seu dia a dia.

Sendo assim, é notável que há uma tendência de crescente procura por cursos na modalidade EaD, o que pode demonstrar que, num futuro não tão distante, o método de ensino mais utilizado será o híbrido, ou seja, que mescla os recursos das modalidades Presencial e EaD.

6. Referências

ARAÚJO JR, Carlos Fernando, SILVEIRA, Ismar Frango. **Tecnologia da Informação e Educação**. São Paulo: Andross, 2006.

Associação Brasileira de Educação a Distância. ABED. Disponível em: <http://www.abed.org.br/>. Acesso em: 03 de março de 2021.

Blackboard Brasil. Blackboard Inc. Disponível em: <https://www.blackboard.com/pt-br>. Acesso em 03 de março de 2021.

BORDENAVE, Juan Díaz; PEREIRA, Adair Martins. Estratégias de ensino aprendizagem. 4.ed. Petrópolis: Vozes, 1982

Desenvolvimento de Software Educacional. Instructure. Disponível em: <https://www.instructure.com/pt-br/>. Acesso em 03 de março de 2021.

FREIRE, P. **Professora sim, tia não:** cartas a quem ousa ensinar. São Paulo: Olho d'Água, 1997. 84 p.

Google Sala de Aula. Google. Disponível em: <https://edu.google.com/intl/pt-BR_ALL/products/classroom/>. Acesso em 03 de março de 2021.

MOORE, M; KEARSLEY, G. **Educação a distância**: uma visão integrada. **Tradução** de Roberto Galman. São Paulo: Thomson Learning, 2007.

PASSOS, L.F. **O projeto pedagógico e as práticas diferenciadas:** o sentido da troca e da colaboração. In M. ANDRÉ (org.) Pedagogia das Diferenças na Sala de Aula. São Paulo: Papirus, 1999.

SILVA, Angela Carrancho. (Org.). **Aprendizagem em ambientes virtuais e educação a distância**. 1. ed., Porto Alegre: Mediação. 2009, 176p.

Capítulo 3

Ferramentas para Comunicação Síncrona – *Zoom Meet*, Google GMeet, Microsoft *Teams*

Prof. Ms. Josivan Pereira da Silva
Prof. Dr. Ismar Frango Silveira

3.1 Introdução

As tecnologias digitais vêm transformando a interação e a comunicação social no mundo, nesse início do século 21. Um bom exemplo dessa transformação é o relacionamento educacional entre professores e alunos.

Nota-se que o distanciamento físico, entre as pessoas, não é mais um empecilho para que os indivíduos possam se reunir, conversar e compartilhar recursos.

Recentemente, a pandemia, resultante da doença COVID-19, exigiu que cidades do mundo todo organizassem protocolos de distanciamento social. Alguns dos locais que iniciaram esse distanciamento social em massa foram justamente as escolas, faculdades e universidades.

Para que os alunos não tivessem as aulas totalmente interrompidas, as instituições de ensino fizeram adaptações ao contexto das aulas remotas; o que está sendo chamado de Ensino Remoto Emergencial (ERE).

No ERE professores e alunos se conectam em reuniões virtuais chamadas teleconferências, utilizando ferramentas de comunicação síncrona como o Google *Meet*, Microsoft Teams e *Zoom*, por exemplo.

Os professores e alunos se adaptaram rapidamente a essa nova dinâmica de aulas remotas e, para isso, os professores vêm aplicando metodologias de ensino que exploram ferramentas digitais para guiar esse processo, que é diferente da aula presencial, mas que têm se mostrado tão eficiente quanto.

Várias são as mudanças percebidas na dinâmica das aulas remotas, tais como:

- As aulas podem ser gravadas para que os alunos acessem posteriormente;
- O professor transmite a filmagem do seu rosto enquanto compartilha o áudio da sua explicação;
- O professor não tem mais a facilidade de olhar as expressões no rosto dos alunos para tentar avaliar se os alunos estão acompanhando e entendendo as explicações (o professor pode pedir para que o aluno transmita a sua imagem, mas na prática não são todos os alunos que conseguem fazer isso);
- O professor deve estar atento ao conteúdo em si ao qual está explicando e ao mesmo tempo ao CHAT para ver se algum aluno fez uma pergunta ou observação;
- O tempo de aula não pode ser muito demorado, pois um vídeo muito longo pode prejudicar o acompanhamento do aluno, pois pode ser cansativo ficar olhando para o *display* (monitor) por muito tempo;
- É bom que a aula não seja passiva, do ponto de vista do aluno, mas que a experiência do aluno possa ser ativa e com bastante interação.

As características citadas anteriormente, relativas às aulas no ERE, são algumas das mudanças percebidas na dinâmica das aulas, entre outras existentes.

Essas mudanças percebidas nas aulas fazem com que o professor se preocupe mais em empregar um método que ajude a controlar o tempo de aula, a interação dos alunos e que não torne a aula maçante.

Uma abordagem que está sendo bastante desejada para esse momento de aulas remotas é a das Metodologias Ativas de Ensino. De acordo com Valente *et al.* (2017) as Metodologias Ativas são estratégias pedagógicas que colocam o foco dos processos de ensino e aprendizagem no aluno e que contrastam muito com a abordagem tradicional na qual o professor é o foco desses processos e a participação do aluno é passiva.

Existem várias estratégias de ensino que podem ser classificadas como Metodologias Ativas, as principais são: Sala de Aula Invertida, Ensino Híbrido, Seminários e Discussões, Aprendizagem Baseada em Jogos e Gamificação (Siqueira, 2019).

No decorrer desse capítulo duas Metodologias Ativas serão evidenciadas, pois foram utilizadas, na prática, no Estudo de Campo que será apresentado. Trata-se de aulas em regime de Ensino Remoto Emergencial para orientação de trabalho de conclusão de curso da Universidade Cruzeiro do Sul em São Paulo - SP; o tema das orientações é de Jogos Digitais Educacionais e as orientações foram realizadas no período dos dois semestres de 2020. Os alunos se reuniram com o professor utilizando o *Zoom*, o Microsoft *Teams* e o Google *Meet*.

3.2 Orientação em Trabalhos de Conclusão de Curso para Ciência da Computação.

É importante ressaltar que essas orientações de Trabalhos de Conclusão de Curso formam uma intervenção, que é classificada como Estudo de Campo, e é parte integrante de uma tese de Doutorado em Engenharia Elétrica e Computação do candidato Josivan Pereira da Silva, orientada pelo Dr. Ismar Frango Silveira. Essa intervenção foi realizada com alunos de graduação na Universidade Cruzeiro do Sul no ano de 2020, ou seja, durante a pandemia da COVID-19. Tanto o Professor Josivan quanto o professor Ismar são professores e orientadores dos trabalhos de conclusão de curso, que aqui serão chamados de TGI (Trabalho de Graduação Interdisciplinar) na Universidade Cruzeiro do Sul.

No curso de Bacharelado em Ciência da Computação da Universidade Cruzeiro do Sul o nome dado ao trabalho final do curso é Trabalho de Graduação Interdisciplinar (TGI). Para orientar alunos nos seus TGIs, um grupo de professores é selecionado pela coordenação do curso e pode orientar no máximo 10 grupos de TGI, durante dois semestres distribuídos em duas disciplinas chamadas Trabalho de Graduação Interdisciplinar I e Trabalho de Graduação Interdisciplinar II, respectivamente.

Ao final do TGI 2, os alunos devem entregar um *Full Paper*, devem apresentar um sistema prova de conceito e devem defender o trabalho perante uma banca de 3 professores (presidente, membro 1 e membro 2) durante 15 minutos. Ao final da apresentação há um momento de arguição e depois há uma avaliação sigilosa do trabalho, pelos 3 professores da banca. Os grupos de TGI podem conter no máximo 3 alunos.

O tema das orientações de TGI, realizadas pelo professor Josivan, é o de Jogos Digitais Educacionais e para realizar os trabalhos, os alunos escolheram uma disciplina a ser ensinada com um jogo digital, aqui chamada de disciplina alvo, e desenvolveram um jogo digital que aplica essa disciplina em sua *gameplay*. Esse jogo digital desenvolvido por cada grupo de TGI é um sistema prova de conceito e é avaliado, ao final da orientação, juntamente com um artigo *Full Paper* que descreve o estudo.

A orientação aos grupos de TGI oferecida pelo professor Josivan Pereira da Silva foi realizada de forma 100% remota, como será detalhada no decorrer desse capítulo.

Explicado o contexto dos grupos de TGI que participaram dessa intervenção para estudo dos jogos digitais educacionais, agora podem ser explicadas as estratégias que foram utilizadas com os grupos.

As orientações iniciaram com 8 grupos de orientandos, esses 8 grupos foram subdivididos em diferentes temas e estratégias.

Não vamos identificar os grupos pelos nomes dos estudantes, ao invés disso vamos utilizar as disciplinas alvo como identificação. Os grupos com as respectivas disciplinas alvo e as técnicas empregadas são:

Grupo 1. Programação de Computadores em Python;
Grupo 2. Ensino de Frações;
Grupo 3. Ensino de Lógica;
Grupo 4., Programação Orientada a Objetos;
Grupo 5. Processamento de Imagens;
Grupo 6. Estruturas de Dados I;
Grupo 7. História do Brasil e
Grupo 8. Equações do 1° e 2° Grau.

A Tabela 1 ajuda na visualização das disciplinas, dos contextos educacionais e das técnicas empregadas, pelos grupos de TGI.

Tabela 1 – Disciplinas Alvo e detalhes iniciais dos Temas de TGI.

Número do Grupo	Disciplina Alvo	Contexto Educacional	Faixa Etária Alvo
1	Programação de Computadores em Python	Ensino Superior, Computação: Desenvolvimento	Adultos
2	Ensino de Frações	Ensino Fundamental, Matemática	Adolescentes
3	Ensino de Lógica	Ensino Superior, Computação: Análise	Adultos
4	Programação Orientada a Objetos	Ensino Superior, Computação: Desenvolvimento	Adultos
5	Processamentos de Imagens	Ensino Superior, Computação: Análise	Adultos
6	Estrutura de Dados I	Ensino Superior, Computação: Análise	Adultos
7	História do Brasil	Ensino Fundamental, História	Adolescentes
8	Equações do 1° e 2° grau	Ensino Fundamental, Matemática	Adolescentes

Na Tabela 1 é possível visualizar, na primeira coluna, o número do grupo de TGI, na segunda coluna é apresentada a disciplina alvo escolhida pelo respectivo grupo, na terceira coluna é apresentado o contexto educacional de aplicação do jogo digital e na última coluna é apresentada a faixa etária de jogadores esperada para utilizar o jogo educacional, ou seja, o público-alvo do jogo.

Para definir as disciplinas alvo e o contexto educacional do jogo o professor orientador utilizou a metodologia de Sala da Aula Invertida. Os alunos tiveram uma explicação de como o TGI funcionaria e como o jogo digital educacional e o artigo científico seriam desenvolvidos. Após essa explicação, por parte do professor, os alunos foram incentivados a pesquisarem sobre o desenvolvimento de um jogo educativo e sobre artigos científicos de jogos educacionais. Uma aula de orientação foi agendada em regime remoto (ERE) e nessa aula os alunos trouxeram as dúvidas em relação ao desenvolvimento do jogo e à escrita do artigo.

É importante ressaltar que esses alunos nunca haviam escrito um artigo científico antes e nem haviam desenvolvido um jogo digital, o que tornou necessária muita pesquisa sobre esses tópicos e consequentemente gerou muitas dúvidas aos alunos, as quais o professor Josivan foi explicando em várias seções de orientação, aplicadas como aulas remotas.

Para guiar o processo de Sala de Aula invertida foi utilizada, como embasamento, a Teoria das Situações Didáticas de Guy Brousseau (Brousseau, 2008) (Silva *et al.*, 2020). O professor Josivan adaptou a Teoria das Situações Didáticas à Prática de Sala de Aula Invertida em regime de Ensino Remoto Emergencial.

Segundo Andrade *et al.* (2019) a metodologia ativa da Sala de Aula Invertida é uma ampliação do espaço físico da sala de aula e do horário de estudo, além de ser uma estratégia que dá autonomia ao aluno fazendo com que ele pesquise sobre o tema de estudo e traga as suas dúvidas ao professor, permitindo uma participação mais ativa e ágil no processo de aprendizagem, por parte do aluno.

Essa definição de Sala de Aula Invertida apresentada por Andrade *et al.* (2019) pode ser facilmente relacionada com a Teoria das Situações Didáticas de Guy Brousseau e pode ser aplicada de forma online com a utilização de alguma ferramenta para Comunicação Síncrona.

Para ficar mais clara a ligação entre a metodologia de Sala de Aula Invertida e a Teoria das Situações Didáticas, vou explicar o Triângulo das Situações Didáticas que faz parte da Teoria de Brousseau.

O Triângulo didático, de Guy Brousseau, é composto de três elementos: o conhecimento, o professor e o estudante. Esses três elementos relatam o efeito do relacionamento didático, levando em consideração fatores humanos: professor e aluno; e fatores abstratos: o conhecimento e o conteúdo educacional.

A Figura 1 ilustra a o cenário básico da Teoria das Situações Didáticas.

Figura 1. Teoria das Situações Didáticas de Guy Brousseau

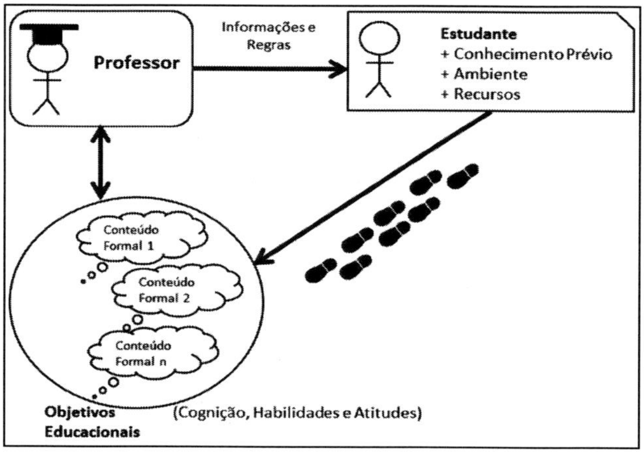

Fonte: adaptada de Silva *et al.* (2020)

É mais fácil entender a teoria de Guy Brousseau sobre as situações Didáticas de forma prática, assumindo que o aluno já possui conhecimentos prévios, mas que são insuficientes aos conhecimentos que o professor e a instituição planejaram para que o aluno aprenda o conhecimento formal, que prevê objetivos, habilidades e atitudes a serem alcançadas pelo aluno; o professor já possui esses conhecimentos, dada a formação e a experiência que ele detém, então ele irá desenhar situações didáticas, que são atividades pedagógicas, que devem estimular o aluno a experimentar formas distintas de soluções, com o intuito de aprender por experimentações realizadas no ambiente (Brousseau, 2008).

O objetivo dessa situação didática e dessas propostas do professor é fazer com que o aluno saia de uma "zona de conforto", busque se aproximar dos objetivos educacionais que o professor propôs, e que o professor venha oferecer atividades particionadas e equilibradas ao aluno, de maneira que as situações didáticas não sejam nem tão fáceis e nem tão difíceis ao aluno; e é aqui que essa teoria de Guy Brousseau pode ser unida à metodologia da Sala de Aula Invertida, pois nas duas abordagens o aluno é protagonista do aprendizado e é incentivado a pesquisar sobre o tema de estudo e discutir as dúvidas resultantes com o professor, posteriormente.

Quando os alunos pesquisaram sobre o desenvolvimento de um jogo educacional e sobre a disciplina alvo que pretendiam abordar no jogo do TGI, eles praticaram a parte de pesquisa e protagonismo dos alunos presentes tanto na Teoria das Situações Didáticas, quanto na metodologia da Sala de Aula Invertida, posteriormente eles se reuniram remotamente com o professor orientador, por meio da ferramenta para comunicação síncrona, para tirar dúvidas resultantes de suas pesquisas e para pegar novas orientações que pudessem guiar novas pesquisas e assim foi formado um ciclo de orientações para o TGI.

A Figura 2 demonstra uma reunião de orientação de TGI utilizando a ferramenta *Zoom*, na data de 20/05/2020.

Figura 2. Reunião virtual de orientação de TGI de definição da disciplina alvo, utilizando a ferramenta *Zoom*.

Fonte: o autor.

A partir de então, os estudantes escolheram as disciplinas alvo que queriam ensinar (abordar no jogo educacional), entre elas: Frações (Parte de uma disciplina ampla), História do Brasil (Parte de uma disciplina ampla), Programação de Computadores, Estrutura de Dados, Lógica, Processamento de Imagens, Programação Orientada a Objetos, entre outras.

Os alunos seguiram pesquisando e procuraram por Planos de Ensino dessas respectivas disciplinas. Quanto às disciplinas do Ensino Superior, os grupos usaram os Planos de Ensino do próprio curso de Ciência da Computação da Universidade Cruzeiro do Sul.

Para as disciplinas do Ensino Fundamental, os grupos conversaram com professores da rede pública ou particular, de escolas nas quais eles conheciam professores das disciplinas alvo escolhidas para os jogos e definiram com esses professores quais Planos de Ensino seguir e quais tópicos das disciplinas do Ensino Fundamental seriam utilizados no jogo do respectivo grupo.

À medida que os alunos iam evoluindo no trabalho, outras reuniões remotas de orientações eram agendadas e as dúvidas eram discutidas com o professor Josivan.

Para o professor Josivan melhor acompanhar o andamento do TGI os alunos criaram, e foram atualizando, um Diário de Bordo para descrever todas as atividades realizadas, referentes ao TGI. Esse Diário de Bordo foi analisado pelo orientador ao longo do TGI e ajudou a guiar as reuniões remotas.

Os alunos preencheram esse Diário de Bordo com as descrições das atividades realizadas e as respectivas datas. Foi sugerido anotar problemas, soluções, lições aprendidas, estudos realizados entre outras informações relevantes ao TGI.

Esses Diários de Bordo são, provavelmente, o artefato mais importante que os alunos geraram durante o TGI (sem contar o jogo prova de conceito), talvez não tão importante quanto o *Full Paper*, mas permitiu recuperar informações importantes de quais problemas os estudantes tiveram durante o trabalho e a intervenção e quais soluções eles adotaram. E assim as orientações seguiram em modo Sala de Aula Invertida.

A Figura 3 demonstra uma reunião de orientação de TGI utilizando a ferramenta *Zoom*, na data de 23/10/2020.

Figura 3. Reunião virtual de orientação de TGI de correção *do Full Paper* **e do Jogo, utilizando a ferramenta** *Zoom*.

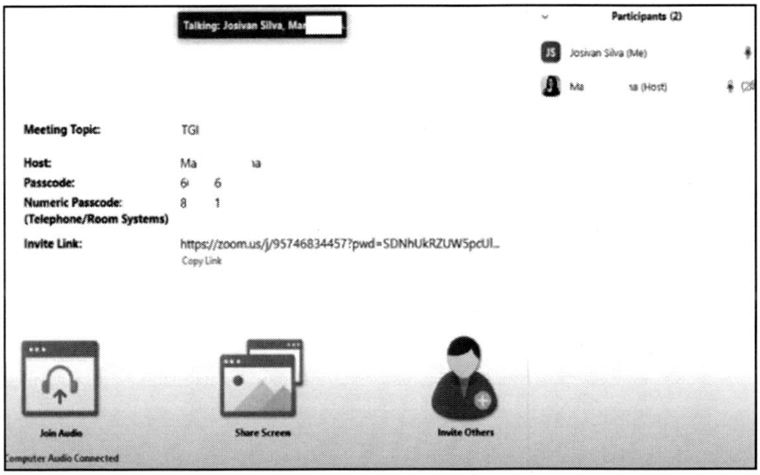

Fonte: o autor.

À medida que os alunos foram evoluindo, as dúvidas em relação ao desenvolvimento do jogo em si foram aumentando, e as reuniões de orientação passaram a ter mais ênfase no desenvolvimento do jogo e esporadicamente com foco na escrita do *Full Paper*.

Os alunos do curso de Ciência da Computação da Cruzeiro do Sul não têm aulas de Jogos Digitais como parte integrante da sua grade de disciplinas, então o orientador deu algumas dicas de *Game Design* aos alunos (por meio de vídeos e artigos) e pediu que os alunos estudassem um material sobre *Short Game Design Document* (SGDD) e desenvolvessem um SGDD para o seu jogo prova de conceito do TGI. Os alunos criaram esse SGDD em paralelo à criação do jogo em si, de maneira que esse SGDD pudesse guiar o desenvolvimento do jogo digital; para tanto, um Plano de Ensino, da disciplina alvo, foi seguido, e Objetivos Educacionais Estabelecidos de acordo com a matriz CHA (presente nos Planos de Ensino). Esses GDDs já contemplam os aspectos educacionais do jogo digital.

A Figura 4 demonstra parte de um dos jogos (do grupo 3) desenvolvidos no TGI

Figura 4. Parte de um jogo educacional estilo RPG, integrante do Estudo de Campo realizado com os alunos de TGI.

Fonte: o autor

A Figura 5 demonstra parte de um dos jogos (do grupo 6) desenvolvidos no TGI

Figura 5. Parte de um jogo educacional estilo Plataforma 2D, integrante do Estudo de Campo realizado com os alunos de TGI.

Fonte: o autor

O GDD e Plano de Ensino, de cada grupo, foram validados pelo orientador ao longo das reuniões remotas de acompanhamento; os alunos receberam orientação de como utilizar esse Plano de Ensino e como entender os Objetivos de Cognição, Habilidades e Atitudes (CHA) presentes nos Planos de Ensino para inserir esse conteúdo de objetivos educacionais no Jogo Educacional; Esses objetivos de CHA foram relacionados com a Teoria das Situações Didáticas, já explicada anteriormente.

Esses GDDs foram analisados detalhadamente pelo orientador, como uma das formas de analisar o desenvolvimento dos jogos educacionais e se os objetivos iniciais dos alunos foram alcançados no fim do trabalho e se trouxeram resultados interessantes.

A maioria dos grupos de TGI conseguiu finalizar o jogo educacional e o *Full Paper* de documentação do trabalho, consequentemente apresentaram a defesa do artigo e o sistema prova de conceito (jogo educacional) para a banca de TGI e foram aprovados. Dos 8 grupos iniciais de TGI apenas 1 (grupo 8) não foi concluído, pois os alunos acabaram desistindo do TGI, deixando para refazê-lo no semestre seguinte; a pandemia da COVID-19 e o isolamento social, necessário para o enfretamento da pandemia, acabou colaborando para a decisão do grupo de desistir temporariamente do TGI.

Por outro lado, alguns grupos conseguiram aplicar o jogo para experimentação com estudantes das disciplinas alvo, inclusive realizaram uma pesquisa subjetiva com aplicação de um questionário qualitativo.

Dos 7 grupos que finalizaram o TGI (concluindo TGI 1 e TGI 2) e entregaram o Jogo Educacional pronto, 5 grupos avaliaram a experiência com o jogo educacional por alunos das disciplinas alvo. Dois grupos avaliaram os jogos educacionais em escolas públicas em turmas do ensino fundamental e os outros 3 grupos avaliaram o jogo com turmas do ensino superior na própria Universidade Cruzeiro do Sul.

O modelo de avaliação utilizado nessa avaliação, pelos alunos do ensino fundamental e superior, foi o modelo MEEGA+, de maneira que os alunos do TGI utilizaram um formulário do Google *Forms*, com 14 questões adaptadas do modelo MEEGA+ para analisar a experiência dos alunos no contexto das disciplinas alvo e colheram as respostas em escala de 1 a 5. Os alunos, que desenvolveram o TGI, obtiveram as quantidades das respostas e os gráficos de setores gerados automaticamente pelo *Google Forms*.

A Figura 6 demonstra uma das questões utilizadas em uma das avaliações subjetivas dos jogos, incluindo um gráfico de setor para melhorar a visualização dos dados.

Figura 6. Questão integrante de uma das avaliações subjetivas realizadas por 5 grupos de TGI.

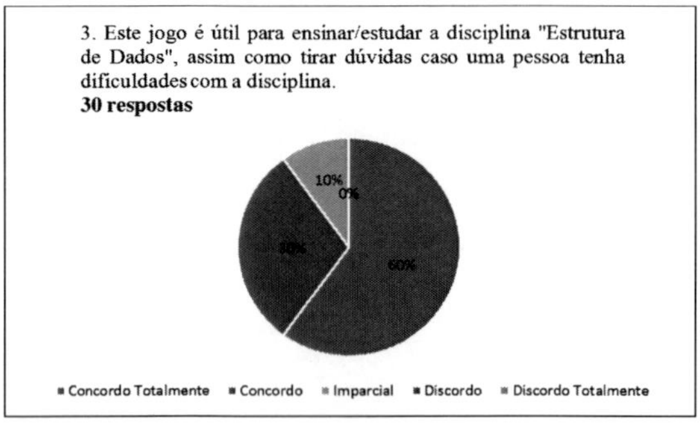

Fonte: o autor

Após a finalização das avaliações subjetivas, os *Full Papers* foram finalizados, a partir de então as reuniões remotas de orientação passaram para o foco de tirar dúvidas sobre a apresentação dos trabalhos para as respectivas bancas.

A Figura 7 demonstra uma defesa de TGI de um dos grupos integrantes do Estudo de Campo.

Figura 7. Defesa do trabalho de TGI do grupo 7, jogo educacional da disciplina de História, contexto referente ao Ensino Fundamental.

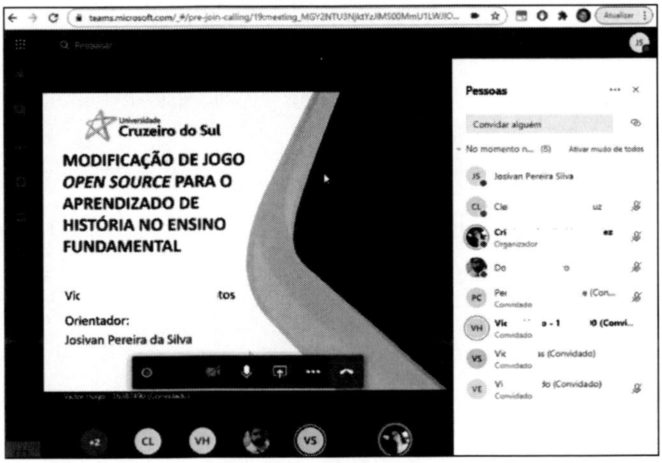

Fonte: o autor

3.3 Discussão e Conclusões

Esse capítulo demonstrou um Estudo de Campo realizado com alunos de graduação durante o TGI (trabalho final de graduação) do curso de Ciência da Computação da Universidade Cruzeiro do Sul em São Paulo - SP.

Esse estudo de Campo é parte integrante da tese de doutorado em Engenharia Elétrica e Computação do candidato Josivan Pereira da Silva orientado pelo Dr. Ismar Frango Silveira dentro do curso de doutorado da Universidade Presbiteriana Mackenzie, na qual o doutorando é bolsista na modalidade 509.

O período de orientação desses TGIs iniciou-se no primeiro semestre de 2020, ocorrendo de forma remota configurando o regime de Ensino Remoto Emergencial (ERE). Foi extremamente desafiador já que foi a primeira vez que a orientação de alunos no TGI ocorreu de forma totalmente remota.

Para comunicação com os alunos foram utilizadas as ferramentas *Zoom*, Google *Meet*, Microsoft *Teams* e esporadicamente e-mail (gmail) e *Whats App*.

O tema do TGI era único entre os alunos do professor Josivan, que é o de Jogos Digitais Educacionais, que é o mesmo tema de sua tese de doutoramento; ressalta-se que os alunos de TGI nunca haviam desenvolvido um jogo digital e nem redigido um *Full Paper* anteriormente, o que tornou essa orientação de TGI mais desafiadora ainda.

Para nortear o desenvolvimento do TGI foi de fundamental importância a utilização da metodologia ativa de Sala de Aula invertida, uma vez que as disciplinas alvo e os tipos de jogos a serem desenvolvidos pelos alunos apresentavam diferenças; assim o orientador passava informações e sugestões gerais para todos os grupos e depois tirava dúvidas específicas dos grupos quando ocorriam as aulas remotas de orientação.

As ferramentas para comunicação síncrona utilizadas são de livre utilização sem necessidade de pagamento de taxas e se mostraram imprescindíveis para o andamento dos trabalhos; essas ferramentas ajudaram tanto na comunicação quanto no compartilhamento de arquivos que auxiliaram muito no desenvolvimento dos jogos e dos *Full Papers*.

As conclusões alcançadas mostram que os trabalhos tiveram desfechos positivos, os alunos conseguiram se comunicar bem com o professor, se organizar, se comunicar dentro de seus respectivos grupos e com os demais grupos quando necessário.

Os estudantes conseguiram aproveitar a metodologia de Sala de Aula Invertida, que permitiu que cada grupo evoluísse em seu próprio ritmo necessário, os alunos conseguiram compreender bem os assuntos que pesquisaram para desenvolver os trabalhos e conseguiram trazer dúvidas pertinentes aos seus trabalhos e que ajudaram o professor e definir bem as estratégias de orientação para cada grupo.

Os alunos foram protagonistas do seu próprio aprendizado, o que fica bem evidente ao vermos que os alunos nunca haviam desenvolvido um jogo digital e nem sabiam o que era um *Short Game Design Document* e um Diário de Bordo e mesmo assim conseguiram desenvolver bem esses artefatos, de forma satisfatória.

Os alunos aprenderam a escrever o *Full Paper* de modo prático (aprenderam fazendo do zero), eles foram lendo artigos e entendendo como é a estrutura de um artigo científico. Ao passo que iam trazendo os artigos para avaliação, o orientador somente apontava erros e acertos e os próprios alunos geravam uma nova versão do artigo.

Deu para notar que os alunos aproveitaram bem as horas que ganharam ao não ter que se locomover fisicamente até a universidade, pois todos eles faziam uso do transporte público para irem até a universidade antes do isolamento social e com a mudança para o regime de Ensino Remoto Emergencial eles souberam aproveitar essas horas que antes eram destinadas a locomoção e enriqueceram muito as suas pesquisas.

Houve bastante colaboração entre os grupos distintos de TGI, quando um grupo ficava com dúvida em relação a alguma tarefa do TGI, eles procuravam trocar informações entre os grupos antes de ir perguntar diretamente ao professor; isso demonstrou que houve bastante colaboração entre os grupos, mesmo eles desenvolvendo jogos diferentes e escolhendo disciplinas alvo distintas.

A maioria dos grupos (5) aplicou avaliação subjetiva com alunos das disciplinas alvo e analisaram bem os dados para gerar conclusões sobre o resultado conseguido com a parte educacional do jogo.

As avaliações subjetivas direcionadas pelo modelo MEEGA+ mostrou que os alunos conseguiram equilibrar a diversão presente no jogo com o conteúdo educacional. O fato dos alunos utilizarem Planos de Ensino reais das disciplinas alvo para compor o conteúdo educacional dos jogos trouxe rigor e critério para a criação da parte pedagógica dos jogos.

Pode-se concluir que as orientações dos TGIs foram positivas e as bancas gostaram de todos os trabalhos apresentados; cabe ressaltar que houve uma baixa (desistência), mas os professores membros das bancas gostaram bastante dos jogos desenvolvidos e dos artigos redigidos; todos os trabalhos que foram apresentados, foram aprovados.

A utilização da Sala de Aula Invertida juntamente com a Teoria das Situações Didáticas se mostrou uma estratégia bem sucedida e as ferramentas para comunicação síncrona foram de fundamental ajuda para realizar essa estratégia de modo prático.

E o mais importante é que os alunos e o professor respeitaram o isolamento social exigido para o combate à proliferação do vírus da COVID-19 e ao final das orientações, tanto os alunos quanto o professor conseguiram manter a sua saúde física e mental possibilitando o êxito no fechamento dos trabalhos.

Referências

ANDRADE, L. G. S.; Jesus, L. A. F.; Ferrete, R. B. e Santos, R. M. A SALA DE AULA INVERTIDA COMO ALTERNATIVA INOVADORA PARA A EDUCAÇÃO BÁSICA. Revista Eletrônica Sala de Aula em Foco, ISSN 2316-

7297 – Volume 8, Número 2, 4-22, 2019.

BROUSSEAU, G.: Introdução ao Estudo das Situações Didáticas: Conteúdos e métodos de ensino. São Paulo: Ática, 2008. 128p.

Silva, J. P.; Guimarães, G.; Teixeira, L. F.G.; Silveira, I. F. PYTHON DOMINATION: AN OPEN EDUCATIONAL GAME FOR LEARNING PROGRAMMING FUNDAMENTALS, INTED2020 Proceedings, pp. 9004-9013, (2020).

SIQUEIRA, D. L. S. Educação Híbrida: Metodologia Ativa da Sala Invertida - Flipped Classroom. Revista Saberes da FAPAN, 2019.

VALENTE, J. A.; Almeida, M. E. Bianconcini e Geraldini, A. F. S. Metodologias ativas: das concepções às práticas em distintos níveis de ensino. Rev. Diálogo Educ., Curitiba, v. 17, n. 52, p. 455-478, abr./jun. 2017.

Capítulo 4

Estratégias para Elaboração de Provas On-line

Prof. Dr. Ricardo J. Missori, Centro Universitário Padre Anchieta (UniAnchieta), Jundiaí-SP

Resumo

Em decorrência do momento histórico em que vivemos, de enfrentamento de uma crise sanitária – e também política, econômica e social, ocasionada pela Covid-19, um desafio que era quase exclusivo de docentes da modalidade de ensino a distância (EAD), passou a ser a preocupação de boa parte dos professores: a elaboração de provas, que sejam efetivas tanto quanto as presenciais, e que dificultem interações indesejadas entre alunos de uma mesma turma. Neste capítulo, apresentamos algumas estratégias simples para a elaboração de diferentes tipos de provas, como, por exemplo, a em grupo, que promove interações desejadas e necessárias entre os estudantes. Além disso, também mostramos como a análise estatística da prova pode ser utilizada como ferramenta auxiliar para a adequação das questões. Lembrando que todas as propostas apresentadas podem ser adaptadas, de acordo com as necessidades que, eventualmente, as disciplinas, os alunos e os docentes, possam apresentar.

Introdução

A avaliação é uma etapa importante do processo educacional, pois ela é um dos principais instrumentos usados para medir o sucesso da aprendizagem. Segundo Luckesi (1978), a avaliação é definida como um julgamento de valor sobre manifestações relevantes da realidade, tendo em vista uma tomada de decisão. Em geral, em qualquer área do conhecimento, são utilizados três tipos de avaliação da aprendizagem: diagnóstica, somativa e formativa.

A avaliação diagnóstica, de acordo com Miras e Solé (1996, p. 381), é a que proporciona informações acerca das capacidades do aluno antes de iniciar um processo de ensino/aprendizagem.

A segunda avaliação é a formativa que, conforme Haydt (1995, p. 17), permite constatar se os alunos estão, de fato, atingindo os objetivos pretendidos, verificando a compatibilidade entre tais objetivos e os resultados efetivamente alcançados durante o desenvolvimento das atividades propostas.

As provas, assunto desse capítulo, são classificadas como avaliações somativas. A avaliação somativa tem como objetivo, segundo Miras e Solé (1996, p. 378), de determinar o grau de domínio do aluno em uma área de aprendizagem, o que permite outorgar uma qualificação que, por sua vez, pode ser utilizada como um sinal de credibilidade da aprendizagem realizada.

Várias preocupações surgiram durante o ERE (Emergency Remote Teaching, ou Ensino Remoto Emergencial), ocasionado pelo início da pandemia de Covid-19, em 2020. Uma delas é exatamente sobre como elaborar uma prova que avalie o aluno adequadamente. Sabemos que a comunicação entre os alunos, fora do AVA (Ambiente Virtual de Aprendizagem) ocorre, inclusive durante a prova. Existem medidas que possam reduzir essa comunicação não autorizada, também conhecida como "cola"?

Neste capítulo, apresentamos algumas estratégias para a elaboração e aplicação de provas. A escolha da melhor estratégia depende da natureza da disciplina e das ferramentas que o docente tem à sua disposição.

Estratégias

1. Provas em equipes ou grupos

Nas metodologias ativas de aprendizagem, o principal objetivo é incentivar os alunos a aprenderem de forma autônoma e participativa, a partir de situações problema (LYCEUM, 2017), para que o estudante seja o protagonista do processo de aprendizagem, participando ativamente e sendo responsável pela construção de conhecimento.

A aprendizagem entre times, conhecida como TBL (*Team Based Learning)* (MICHAELSEN, 2004*)*, ou *Aprendizagem Baseada em Equipes*, é uma metodologia ativa de aprendizagem que trabalha com equipes ou grupos dentro da turma, estimulando o fazer em conjunto, através da troca de ideias. Dessa forma, os alunos aprendem uns com os outros, exercitando o pensamento crítico, que é construído por meio das discussões e reflexões entre os elementos das equipes.

A primeira estratégia de prova que iremos abordar baseia-se nesta metodologia. Nela, o aluno irá realizar a mesma prova duas vezes. Em um primeiro momento, a prova é realizada individualmente. Na prova individual o aluno "aposta" a quantidade de pontos que a questão vale, nas alternativas que ele considera como corretas. Uma interessante ferramenta para auxiliar a aplicação de provas nessa metodologia é o software TBL Active, que está disponível no site www.tblactive.com.br. Segundo a professora Ana Paula Ambrósio Zanelato Marques, criadora do software,

> O TBL Active é uma plataforma gratuita para auxiliar na aplicação da metodologia ativa *Team Based Learning*. Com seu uso, o professor poderá obter feedbacks imediatos, para identificar conteúdos que necessitam de maior atenção. Oferece relatórios com composição de resultados finais, facilitando o gerenciamento para estudantes e docentes. Proporciona maior interatividade entre os estudantes, por

> meio da tecnologia e da discussão entre equipe. Pode ser utilizado em qualquer dispositivo com acesso à internet, como computadores e smartphones (Marques, 2018).

A figura a seguir mostra um exemplo de questão individual usando o TBL Active. No exemplo, o aluno apostou os 5 pontos que a questão vale entre as alternativas "a" (2 pontos), "b" (2 pontos) e "c" (1 ponto). Desta forma, como a resposta correta é a alternativa "a", o aluno somaria apenas 2 pontos na questão que, lembrando, vale 5 pontos.

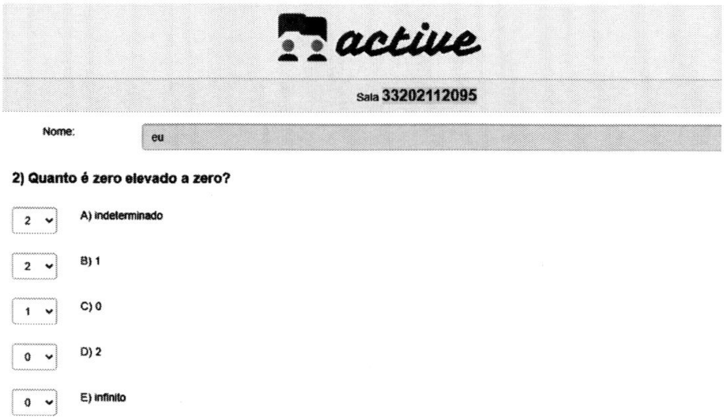

Figura 1: Exemplo de questão individual no TBL Active, na qual é possível apostar a quantidade de pontos da questão nas alternativas. Fonte: o autor (2021). Nota: Print Screen da página do TBL Active (www.tblactive.com).

Quando a mesma prova for aplicada aos grupos, só será possível a escolha de uma alternativa, sem o recurso de aposta. No momento da avaliação em grupo, o professor pode acompanhar a discussão dos alunos em salas de reuniões/conferências ou fóruns.

A nota final leva em conta as notas obtidas nas duas provas, com pesos determinados previamente pelo docente. Vale lembrar que as provas, neste caso, utilizam questões de múltipla escolha.

Prós: a metodologia tem uma dinâmica que os estudantes, em geral, acham interessante, pois promove a discussão entre os pares. A ferramenta TBL Active é bastante simples e gera relatórios finais já com as médias de cada um dos alunos, além de disponibilizar uma análise básica dos resultados.

Contras: O TBL Active não permite inserir imagens no enunciado dos problemas, apenas texto. Desta forma, a utilização do AVA (ou outro meio) para o compartilhamento de figuras é essencial.

Provas baseadas no TBL surgiram no formato presencial, sendo opcional o uso de sites ou aplicativos. A utilização de planilhas impressas é suficiente nesses casos. Essas mesmas planilhas, ou gabaritos, podem ser preenchidas pelos alunos e enviados ao docente por e-mail ou via AVA, no caso das provas on-line. Este recurso torna dispensável o uso do TBL Active.

Questão 1	Aposta
A	
B	
C	
D	
E	
Questão 2	Aposta
A	
B	
C	
D	
E	
Questão 3	Aposta
A	
B	
C	
D	
E	
Questão 4	Aposta
A	
B	
C	
D	
E	
Questão 5	Aposta
A	
B	
C	
D	
E	
Soma dos acertos	

Questão 6	Aposta
A	
B	
C	
D	
E	
Questão 7	Aposta
A	
B	
C	
D	
E	
Questão 8	Aposta
A	
B	
C	
D	
E	
Questão 9	Aposta
A	
B	
C	
D	
E	
Questão 10	Aposta
A	
B	
C	
D	
E	
Soma dos acertos	

Soma total	

Figura 2: Gabarito para questões individuais, usado como alternativa ao TBL Active. Fonte: o autor (2021).

2. Provas orais

Aqui temos uma adaptação desse tradicional estilo de prova presencial para o formato remoto. O professor avalia, de maneira síncrona e remota, o aluno ou grupo de alunos. O fator tempo, nesse caso, pode ser um impedimento, mas a criação de salas de reunião simultâneas, para a aplicação da prova (que seria gravada), pode ajudar a contornar esse problema.

Detalhando: o professor, por exemplo, divide a sala em grupos[1]. Todos os alunos ficam juntos na sala de aula virtual (Google Meet, Zoom, Microsoft Teams, ou outra ferramenta de videoconferência), mas ficam simultaneamente em salas reservadas para cada grupo. O professor apresenta o problema na sala com todos, e a discussão, resolução e envio (quando for necessário), é feita na sala do grupo. As salas em grupos têm as conversas gravadas para que o professor possa avaliar posteriormente. A participação de todos os alunos do grupo deve ser estimulada, tendo em vista que as notas dos alunos de um grupo podem ser diferentes, variando de acordo com sua participação na construção das respostas.

Prós: Elimina, em tese, a "cola". Estimula a discussão e participação.

Contras: Dependendo do tamanho da turma, a aplicação de provas nesse formato é inviável. Dependendo de qual sala de reuniões for usada, a criação das salas para grupos pode ser mais ou menos trabalhosa.

3. Provas que retiram questões de bancos de perguntas aleatoriamente

Algumas plataformas LMS (*Learning Management System*), como o Moodle e o Canvas, permitem a criação de provas ou testes que retiram aleatoriamente questões de bancos de perguntas criados previamente. Isso possibilita que as provas entre os alunos sejam diferentes, com eventualmente alguma questão sendo repetida. Além disso, quase todas as plataformas misturam as alternativas de uma questão. Essas ferramentas inibem a "cola primária", que é aquela cola em que o aluno simplesmente

1 Os grupos podem ser criados usando o AVA ou a ferramenta de videoconferência. Em salas com poucos alunos, a prova pode ser aplicada individualmente.

replica as alternativas enviadas por um colega de turma em sua prova. Os bancos de questões valem também para questões dissertativas.

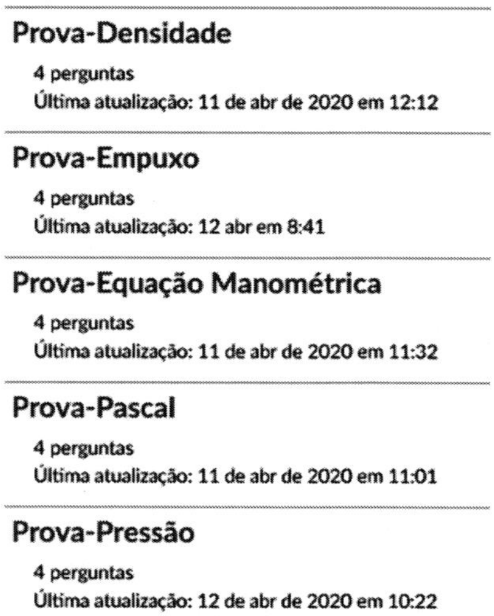

Figura 3: Exemplo de bancos de perguntas utilizados em uma prova cujo tema principal era hidrostática. O tema foi subdividido em 5 subtemas, e cada um deles ganhou um banco com 4 perguntas. Fonte: o autor (2021). Nota: Print Screen de alguns bancos de perguntas, criados na plataforma Canvas (www.anchieta.instructure.com).

É importante aproveitar ao máximo o recurso dos bancos de perguntas. Isso pode ser feito por meio da criação adequada dos bancos. Uma possibilidade é subdividir o tema principal da prova em subtemas. Assim, cria-se grupos de perguntas para cada subtema. A plataforma irá retirar, randomicamente, questões dos bancos criados para confeccionar a prova. A **Figura 3** mostra 5 bancos de perguntas (plataforma Canvas) utilizados em uma prova cujo tema principal era hidrostática. Esse tema foi subdividido em 5 subtemas: densidade (massa específica), pressão, Pascal (o princípio), equações manométricas e empuxo. Cada banco de questões continha 4 questões.

Prós: Alunos fazem provas diferentes, mas com questões similares e com mesmo nível de dificuldade.

Contras: É necessária uma plataforma que ofereça essa ferramenta. Felizmente, quase todas as disponíveis oferecem esse recurso.

Estatística das Provas e Questões

Tão importante quanto as estratégias para a criação de provas, é a análise estatística dos resultados. Essa análise permite a identificação de falhas na criação das questões e no método de avaliação utilizado.

Na figura 4, vemos um gráfico do desempenho de uma turma de 55 alunos de diferentes cursos de Engenharia, na disciplina de Cálculo Fundamental, que aborda conceitos matemáticos básicos. A pontuação média dos alunos, na prova que valia 10 pontos, foi de 6,5, desempenho semelhante ao observado na mesma disciplina em semestres anteriores, onde a avaliação aconteceu presencialmente. A figura também mostra a pontuação mais alta da turma (9,0), mais baixa (2,0), o desvio padrão (1,64) e o tempo médio que os estudantes levaram para concluir todas as questões (1:16:15). Apesar da estatística mostrada ser gerada automaticamente pela plataforma utilizada (Canvas), o docente consegue realizar a mesma análise por meio de ferramentas simples, como por exemplo o Microsoft Excel.

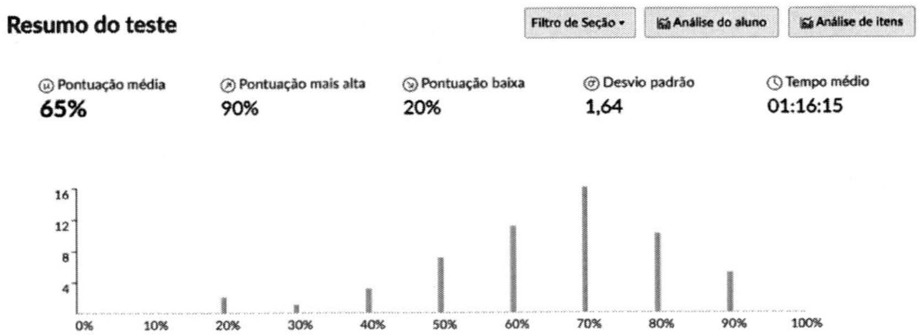

Figura 4: Resumo da prova de múltipla escolha, da disciplina de Cálculo Fundamental, realizada por 55 alunos de cursos diversos do primeiro e segundo semestres de Engenharia. Fonte: o autor (2021). Nota: Print Screen de estatísticas de uma prova na plataforma Canvas (www.anchieta.instructure.com).

Identificar se as questões utilizadas são adequadas ou não é essencial. A **Figura 5** mostra a análise feita pela plataforma Canvas, para a disciplina citada anteriormente.

É possível observar na mesma figura a porcentagem de escolha de cada alternativa e, consequentemente, o percentual de alunos que selecionaram a alternativa correta

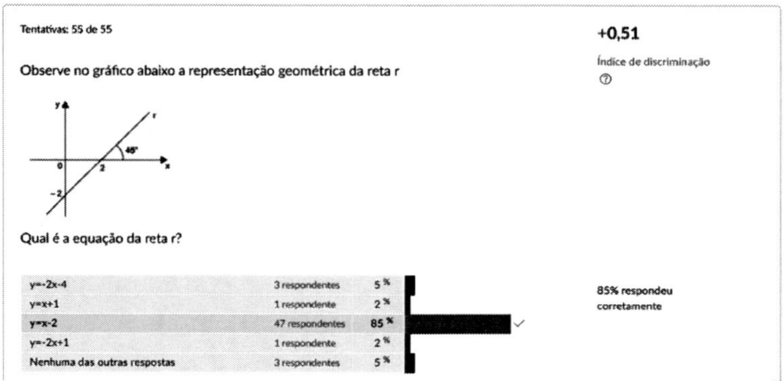

Figura 5: Estatística de um exercício. Nota: Print Screen de estatísticas de uma prova na plataforma Canvas (*www.anchieta.instructure.com*).

O índice de discriminação (IDS), que fornece uma medida de quão bem uma única pergunta pode dizer a diferença (ou discriminar) entre os alunos que se saem bem em um exame e aqueles que não se saem, também aparece na **Figura 5** (índice de discriminação de +0,51). Esse índice divide os alunos em três grupos com base em sua pontuação em todo o questionário e exibe esses grupos por quem respondeu à pergunta corretamente. Novamente esse resultado pode ser fornecido pela plataforma utilizada, mas também pode ser facilmente determinado por outros meios (PASQUALI, 2017, p. 135).

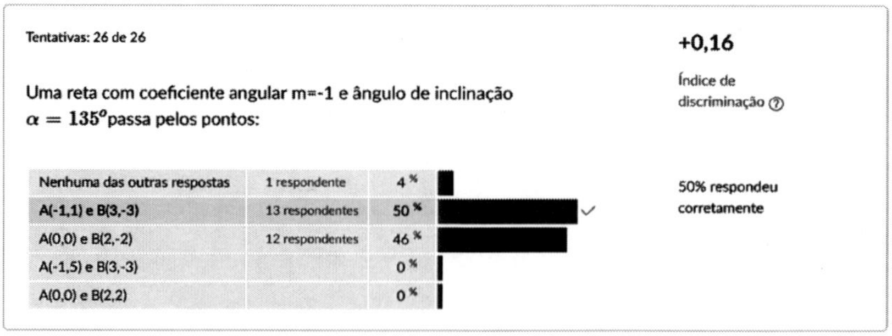

Figura 6: Estatística de um exercício. Nota: Print Screen de estatísticas de uma prova na plataforma Canvas (www.anchieta.instructure.com).

De acordo com o IDS obtido no item, é possível avaliar se o item é ineficiente, se ele necessita de revisão, se é aceitável ou satisfatório, conforme mostrado na **Tabela 1**. No item mostrado na **Figura 5**, onde o IDS é de 0,51, o item é classificado como satisfatório, indicando que ele deve permanecer nas provas. A **Figura 6** mostra uma questão com IDS de 0,16, ou seja, classificada como ineficiente. Um índice classificado como necessita revisão pode ser reincluído na prova após ajustes. Já no caso de a classificação ser ineficiente, é recomendada sua eliminação da prova, ou ele deve passar por uma profunda revisão.

Tabela 1: Classificação do item de acordo com o IDS.

Classificação do Índice de Discriminação (IDS)	
Intervalo do IDS	**Classificação do IDS**
]0,0; 0,2[	Ineficiente
[0,2; 0,3[	Necessita Revisão
[0,3; 0,4[	Aceitável
Maior ou igual a 0,4	Satisfatório

Fonte: Adaptado de Ebel (1954).

Há outros importantes índices que podem ser utilizados para analisar as questões da prova, como o índice de dificuldade (ID), mas não iremos tratá-los neste capítulo.

Considerações Finais

Independente de qual método o docente use para a configuração da prova, ele deve adotar o uso de perguntas contextualizadas. Um ótimo exemplo de perguntas desse tipo, são as encontradas no ENADE (Exame Nacional de Desempenho dos Estudantes). O uso de questões com esse formato é indicado por vários motivos, dentre os quais:

- Muitos dos alunos irão, eventualmente, realizar o ENADE. Desta forma, é importante que se trabalhe questões desse tipo para que o estudante não seja surpreendido, tendo assim um resultado abaixo do esperado.

- As questões contextualizadas, trabalhadas regularmente, permitem ao aluno uma melhor compreensão da correta aplicação do conhecimento.

É importante que toda devolutiva seja feita de forma detalhada. Em provas que utilizem questões de múltipla escolha, não pode ser fornecido ao aluno apenas um gabarito com as alternativas corretas. O gabarito deve ser comentado, e pode ser feito em vários formatos diferentes, como vídeos, *podcasts*, textos, entre outros.

A análise estatística dos resultados das provas, feita com o auxílio da plataforma ou não, é de suma importância, pois ajuda o professor a validar a estratégia usada, permitindo o ajuste ou exclusão de questões com baixo IDS, consideradas ineficazes.

Por fim, todas as estratégias aqui apresentadas foram utilizadas, gerando resultados satisfatórios, em uma análise prévia. O desempenho dos estudantes foi bastante semelhante ao observado na pré-pandemia, quando as avaliações eram presenciais.

Referências Bibliográficas

EBEL, R. L. **Procedures for the analysis of classroom tests.** Educational and Psychological Measurement, v. 14, n. 2, p. 352–364, 1954.

LYCEUM. **Entenda a importância e o papel das metodologias ativas de aprendizagem,** 2017. Disponível em: https://blog.lyceum.com.br/metodologiasativas-de-aprendizagem/. Acesso em: 18, abr. 2021.

LUCKESI, C. **Avaliação educacional:** pressupostos conceituais. Tecnologia Educacional. Rio de Janeiro, 7 (24): 5-8, 1978.

HAYDT, R. C. Avaliação do Processo Ensino-Aprendizagem. São Paulo: Ática, 1995.

MARQUES, A. P. A. Z. **TBL Active**, 2018. Disponível em: https://www.tblactive.com.br/. Acesso em: 18, abr. 2021.

MICHAELSEN, L. K.; KNIGHT, A. B.; FINK, L. D. **Team-Based Learning:** A transforma-tive use of small groups in college teaching. Sterling, VA: Stylus Publishing, LLC, 2004.

MIRAS, M.; SOLÉ, I. A Evolução da Aprendizagem e a Evolução do Processo de Ensino e Aprendizagem. *In:* COLL, C.; PALACIOS, J.; MARCHESI, A. **Desenvolvimento psicológico e educação:** psicologia da educação. Porto Alegre: Artes Médicas, 1996.

PASQUALI, L. **Psicometria**: Teoria dos Testes na Psicologia e na Educação. [S.l.]: Vozes, 2017. 392 p.

Capítulo 5

Metodologias Ativas – PBL: Aprendizagem Baseada em Problemas, Sala de Aula Invertida, Aprendizagem por Projetos

Prof. Dr. Marcelo Eloy Fernandes
Professor da Fatec Barueri
marcelo.fernandes3@fatec.sp.gov.br

Prof. Dr. Marcelo Tsuguio Okano
Professor do Mestrado Profissional em Gestão e Tecnologia em Sistemas Produtivos do Centro Paula Souza - SP
marcelo.okano@fatec.sp.gov.br

Prof. Dr. Fernando de Almeida Santos
Professor do Mestrado Profissional em Ciências Contábeis, Controladoria e Finanças da PUC-SP
almeidasantos@pucsp.br

Prof. Dr. Juliano Schimiguel
Professor no Programa de Doutorado / Mestrado em Ensino de Ciências e Matemática da Universidade Cruzeiro do Sul, São Paulo/SP
juliano.schimiguel@cruzeirodosul.edu.br

Resumo:

O cenário educacional vem sendo mudado pelas atuais tecnologias, e a educação vem se adaptando para atender os estudantes, ou indivíduos que nasceram com a era digital, uma vez que hoje o método tradicional não é mais suficiente a este público, assim, o ensino vem se moldando e se adequando a uma nova realidade.

Diante disso, o processo de ensino-aprendizagem adota as metodologias ativas que colocam o aluno como um agente mais participativo, um meio no qual o professor não é mais o detentor de todo conhecimento.

A proposta deste capítulo é fornecer algumas reflexões teóricas e ideias para a implementação na prática de métodos e estratégias usadas, inseridas em abordagens ativas.

5.1 Metodologias Ativas

A educação presencial e a distância fornecem informações em diversos formatos, sejam eles através da escrita, via oral, ou ainda audiovisual. Esses recursos são importantes, porque faz com que o ensino seja realizado com atividades que sejam combinadas equilibradamente, promovendo assim desafios.

Mas, as metodologias adotadas devem seguir os objetivos desejados, isto é, aos que são proativos, são adotadas aquelas com atividades mais complexas, em que eles decidem e avaliem os resultados em conformidade aos materiais relevantes, e aos criativos, as metodologias serão aquelas em que eles vivenciam diversas possibilidades de mostrar sua disposição para tal (MORAN, 2015).

Com o apoio de tecnologias, os desafios e as atividades podem ser balanceados, planejados e acompanhados e avaliados. Tais aspectos ajudarão para mobilizar as competências desejadas, intelectuais, emocionais, pessoais e comunicacionais. Isto demanda pesquisas e avaliações, sendo que nas fases de formação, os estudantes devem estar acompanhados de profissionais experientes para assisti-los.

O cenário educacional vem se transformando, e com isso as novas tecnologias tornam-se ferramentas essenciais às atividades em sala de aula, levando o aluno a ser mais participativo, assim, ao fazer uso das metodologias ativas, a educação possibilita a autonomia do educando, e sua curiosidade.

Conforme será visto ao longo deste tópico, as metodologias ativas, dentro do processo de ensino e aprendizagem, centram-se na autonomia do aluno, e num curso de graduação elas se desenvolvem na habilidade de identificar, descrever e solucionar problemas que ocorrem diariamente nas diversas áreas do conhecimento.

Em essência, sua proposta está em encontrar soluções práticas, que podem ser realizadas com o desenvolvimento de equipes ou com base na construção de projetos, dentre outras possibilidades, consequentemente, o ensino cognitivo encontra outras maneiras de aprendizagens, que vê na figura do acadêmico um indivíduo que constrói seu conhecimento, e encontra soluções para um determinado problema, ou seja, um sujeito ativo (DIAS e VOLPATO, 2017).

Tal postura é diferente dos modelos de ensino tradicionais, nestes o educando apresenta uma postura passiva, na qual ele nem sempre tem a oportunidade de opinar seus interesses, ou de trocar seus saberes aos demais atores envolvidos naquele tipo de processo.

Entre as metodologias que possuem autonomia se encontram a Aprendizagem Baseada em Problemas (enfatiza a resolução de problemas) e por Projetos, que serão vistas ao longo deste capítulo, sendo que nesta última, o acadêmico experimenta diferentes formas de abordagem para realizar um projeto.

As metodologias ativas se utilizam da problematização como estratégia de ensino/aprendizagem para motivar o estudante, que ao se deparar com um problema, ele examina, reflete, o relaciona a sua história e passa dar um novo significado às suas descobertas, levando-o a produção do conhecimento (DIAS e VOLPATO, 2017).

Igualmente, as metodologias ativas equilibram as diferenças encontradas entre os alunos, que possuem diferentes vivências e, ao mesmo tempo, acolhe a todos uma vez que nesse tipo de metodologia as adversidades são relevantes, e não se preocupa apenas passar o aprendizado.

A aprendizagem ao se aproximar da vida, torna-se melhor, no entanto, as metodologias ativas representam o início, para seguir adiante para processos mais avançados de reflexão, de integração cognitiva, de generalização, de reelaboração de novas práticas. Elas veem o aluno como o ator principal, ou seja, são estratégias de ensino em que ele participa efetivamente na construção do processo de aprendizagem (BACICH e MORAN, 2017).

As metodologias ativas envolvem o aluno na aprendizagem por descoberta, investigação ou resolução de problemas, sendo que elas estão em contraste com a abordagem pedagógica do ensino tradicional que é aquela cuja informação se encontra centrada no professor.

Nessas metodologias são criadas situações nas quais os estudantes têm a oportunidade de produzir, pensar e conceituar o que fazem, e construir conhecimentos sobre os conteúdos envolvidos nas atividades que realizam, além de desenvolverem uma capacidade crítica.

Embora a aprendizagem seja importante, a aprendizagem por questionamento e experimentação é mais relevante para uma compreensão mais ampla e profunda (BACICH e MORAN,2017, p.35).

Alguns teóricos enfatizam que a educação tradicional deve ser superada, e, por isso mesmo ela deve estar centrada no aluno, envolvendo-o, motivando-o e dialogando com ele. Por outro lado, determinados elementos são importantes à aprendizagem, como: desafios, atividades, jogos, tudo com a utilidade e tecnologias adequadas.

No dia a dia escolar, os jogos e as aulas roteirizadas com a linguagem de jogos se fazem presentes. Isso torna a aula atraente àqueles que estão acostumados a jogar, a linguagem de desafios, recompensas, de competição e cooperação.

Isto é, um formato atraente e fácil de perceber. Igualmente, os jogos colaborativos e individuais, de competição e colaboração, de estratégia, com etapas e habilidades delimitadas também estão nas diversas áreas de conhecimento e níveis de ensino.

Em geral, nas metodologias ativas são usadas algumas estratégias, como a aprendizagem baseada em projetos; a aprendizagem por meio de jogos; o método do caso ou discussão e solução de casos; e a aprendizagem em equipe.

De grande importância nas atividades de ensino, essas metodologias impulsionam o aprendiz a descobrir um fenômeno, compreender seus conceitos e saber relacionar suas descobertas com seus conhecimentos já existentes, proporcionando-lhes oportunidades significativas de intervenção na realidade concreta, seja individualmente, com seus professores ou com os demais alunos (SILVA et al, 2017).

A proposta das metodologias ativas está em prover uma gama de possibilidades para que o aluno seja mais considerado em seu potencial criativo, comunicativo e colaborativo; e a atuação do professor estará num patamar de maior importância, que media a construção do aprendizado.

A prática de metodologias ativas propicia uma realização pedagógica que atinja a formação do indivíduo criativo, crítico, reflexivo, colaborativo, que viabilize sua aptidão em trabalhar com equipes e solucionar problemas reais, ou seja, alternativas pautadas em formas de desenvolver o processo de aprender, fazendo-se através de experiências reais ou não, cujo objetivo está em solucionar os desafios da prática social ou profissional em diferentes contextos (CAMARGO e DAROS, 2018).

Quando o educador faz uso de metodologias ativas, ele problematiza a realidade como estratégia de ensino e aprendizagem, tornando assim viável a motivação do aluno, uma vez que ao se deparar com um problema real, o educando examina, reflete, relaciona e passa a se interessar por suas descobertas.

Assim, quando se aprende com a solução de um problema real, os alunos se envolvem durante esse processo de aprendizagem.

E a partir dos percursos realizados individualmente ou em grupo, a equipe composta por professores e/ou tutores acompanha, média, analisa os processos, resultados, lacunas e necessidades.

Em outras palavras, aquela equipe tem a função de ajudar aos alunos a irem além de onde conseguiriam ir sozinhos, motivando, questionando, orientando. Com isso, a aprendizagem torna-se mais significativa.

Entretanto, quem atua na educação necessita dispor de diversas habilidades e competências, como a criatividade na qual são criadas estratégias para instigar o aluno a aprender ativamente, assim, ao se utilizar de metodologias ativas, o docente possui um diferencial competitivo (SILVA et al, 2017).

A aplicação de novos métodos de ensino, bem como as novas tecnologias usadas para processá-los se constitui um desafio, razão pela qual, os professores ou tutores precisam estar preparados para envolver o aluno na sala de aula, consequentemente, o uso progressivo de metodologias ativas motiva a aprendizagem prazerosamente (CAMARGO e DAROS, 2018).

Nessa metodologia de aprendizagem, o aluno é o protagonista, ele interage com outros alunos, aprende e desenvolve de maneira colaborativa, ampliando competências pessoais e profissionais, melhorando o aprendizado e a capacidade de fixar o conhecimento.

Como alternativa pedagógica, as metodologias ativas capacitam o estudante a enfrentar e solucionar problemas e conflitos do campo profissional, em contrapartida, a existência do modelo tradicional de ensino, faz com que se tenham aprendizes e docentes desmotivados.

Tais metodologias colocam o estudante no centro do processo de aprendizagem, assim, ele age em busca do conhecimento, sendo mediado pelo professor que o ajuda em suas ações. Essas práticas promovem a participação do estudante, que tem a postura ativa em sua aprendizagem ao desenvolver projetos, ou solucionar problemas (CENTRO PAULA SOUZA, 2020).

Nas Metodologias Ativas estão combinadas as abordagens, ferramentas, técnicas ou atividades que possibilitam o acesso a uma aprendizagem ativa, nelas são muitos os métodos associados que levam os estudantes a aprendizagens pela autonomia, da aprendizagem e do protagonismo. A concepção do aprendizado através das metodologias ativas faz com que o aluno pense de forma diferente, e também solucione problemas integrando suas ideias, que aparentemente parecem não estar integradas. Assim, os benefícios ao trazer tais métodos para dentro da sala de aula podem ser visualizados na Figura 1.

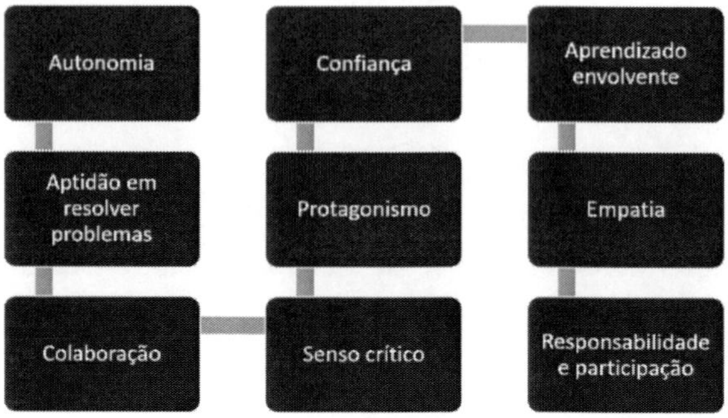

Figura 1-- Benefícios das metodologias ativas
Fonte: GAROFALO (2018, p. 1)

A aprendizagem ativa conduz o aluno a pensar na atividade em que está sendo realizada, e por meio dela, ele tem acesso a diferentes fontes de informações que o ajudarão, favorecendo o desenvolvimento de competências, ao mesmo tempo em que se constrói um conhecimento significativo. O foco das metodologias ativas é fornecer previamente ao aluno, o que ele poderá encontrar na rotina da vida profissional, antecipando assim, as situações e problemas reais (DIAS e VOLPATO, 2017).

Seja qual for a metodologia ativa escolhida pelo professor, seu papel será o de orientar, ele deve selecionar dentre tantas informações, aquela que julgar relevante às atividades propostas.

Portanto, algumas características devem ser levadas em consideração quando o professor selecionar as tecnologias de informação e comunicação, como: Sincronismo na comunicação; Difusão da informação; Interação e Interatividade; Ferramentas colaborativas; Mobilidade (DIAS e VOLPATO, 2017).

Na seleção de um recurso como ferramenta didática, o docente terá que levar em consideração:

> adequação metodológica aos objetivos estabelecidos para o ensino e aprendizagem; a natureza do conteúdo a ser ensinado e o tipo de aprendizagem que se pretende; características dos alunos: sua faixa etária, nível de desenvolvimento, grau de interesse, expectativas de aprendizagem; condições físicas e o tempo disponível (MERCADO *apud* DIAS e VOLPATO, 2017, p. 109).

Centrada no aluno, as metodologias ativas procuram por recursos que atendam suas necessidades, com isso, há o desenvolvimento de competências pessoais e profissionais, além de retenção do conhecimento, conforme pode ser visto na Figura 2 a seguir, que demonstra a pirâmide de aprendizagem.

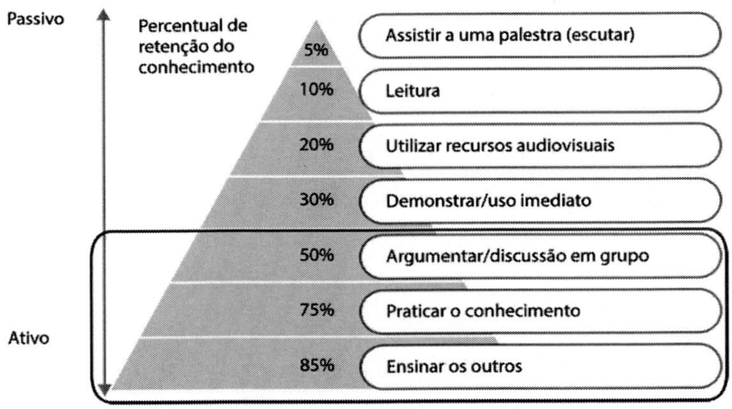

Figura 2 – Pirâmide da aprendizagem

Fonte: Dale *apud* CAMARGO e DAROS (2018, p. 47)

Na Figura 2 acima, as práticas interativa e colaborativa de ensino demonstra que o aluno desenvolve mais competências e habilidades e retêm mais conhecimentos.

Essas metodologias podem ser usadas em diversos níveis de ensino, de grande eficiência, pois além do aprendizado cognitivo, os aprendizes aprendem comportamentos sociais desejáveis, como a empatia, a colaboração, a estabilidade emocional, entre outras.

Entre as Metodologias Ativas se encontra a:

a. Aprendizagem Baseada em Projetos;
b. Aprendizagem Baseada em Problemas;
c. Aprendizagem Baseada em Equipes;
d. Ensino Híbrido (Aula Invertida, Rotação por estações, Laboratório Rotacional e Rotação Individual);
e. Aprendizagem Baseada em Jogos;
f. Aprendizagem por pares (CENTRO PAULA SOUZA, 2020).

Mas, dependendo do objetivo da aprendizagem, se escolhe as metodologias ativas, o componente curricular e as ferramentas tecnológicas disponíveis.

5.2 Aprendizagem baseada em problemas PBL

Elaborada em 1969 por Howard Barrows e colegas na Faculdade de Medicina da Universidade McMaster no Canadá, este método de aprendizagem vem sendo aplicado cada vez mais. O método surgiu no Canadá, na McMaster University, na década de 1960, e também na Maastricht University, na Holanda, suas aplicações foram realizadas em escolas de medicina, no Brasil, ela é conhecida pela sigla AB-Prob ou PBL termo do inglês *problem-based learning*, ou aprendizagem baseada em problemas.

Em razão desta abordagem ser amplamente disseminada na literatura, o modelo da Universidade de Maastricht apresenta sete etapas, conforme pode ser visto na Figura 3.

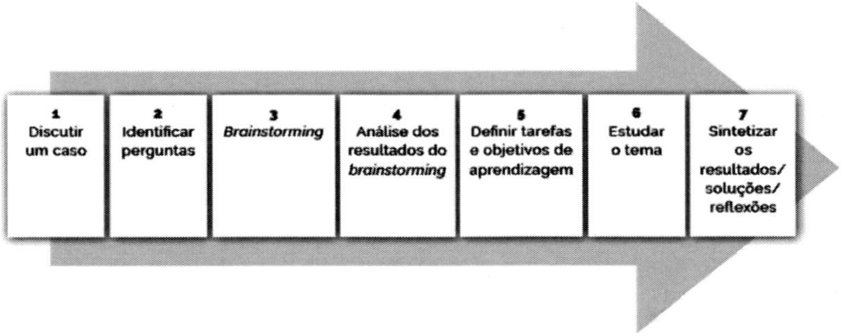

Figura 3 – Etapas do modelo da Universidade Maastricht
Fonte: FILATRO e CAVALCANTI (2018, p. 38)

O método é amplamente usado nas áreas da saúde, mas vem sendo difundido desde a educação básica até as várias áreas do ensino superior.

Isto é, este tipo de aprendizagem foi estendido a diversas áreas do conhecimento, como administração, arquitetura, engenharias e computação, além, de enfocar em algo bem específico com a aprendizagem baseada em projetos ou ABP. A título de informação, a diferença entre a PBL é que esta verifica as várias causas possíveis para um problema, como a inflamação de um joelho, ao passo que a ABP procura uma determinada solução, mas na prática há uma inter-relação e, frequentemente, são utilizadas as duas siglas como sinônimos.

A escola ativa inspirou a PBL, do método científico, que integra o ensino juntamente com os seus conteúdos, dos ciclos de estudo e das diversas áreas abrangentes nas quais os aprendizes estão sempre aprendendo e se preparam para solucionar problemas pertinentes às suas futuras profissões.

A concepção deste método de aprendizagem encontra-se numa matriz não disciplinar ou transdisciplinar, estruturada por temas, competências e problemas diferentes, em níveis cada vez mais complexos e crescentes, no qual os estudantes vão compreendendo e vão alinhando às tarefas individuais e em grupo. Ou seja, tudo aquilo que é estudado vai se transformando num problema que passa a ser discutido num grupo tutorial e que auxilia nos estudos.

A figura 4 a seguir apresenta as etapas da Aprendizagem baseada em Problemas cuja sigla em português é conhecida por ABPro.

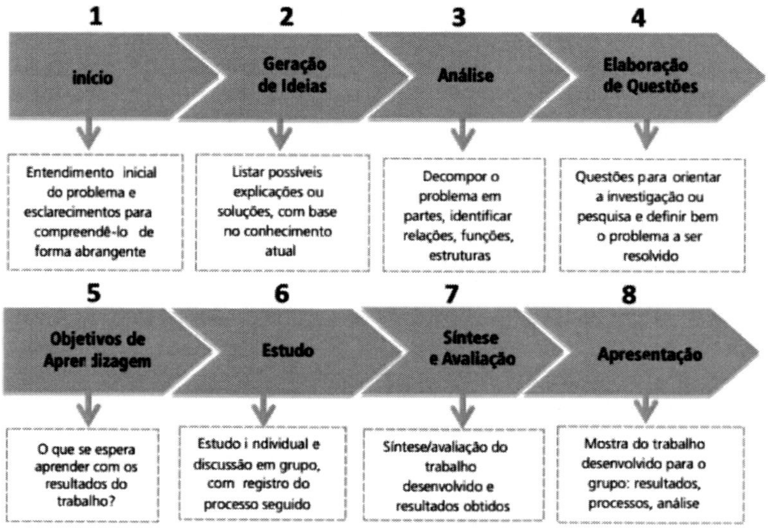

Figura 4 Etapas da ABPro

Fonte: DELIBERALI e ANTONIO (2019, p. 41)

Na escola de medicina em Harvard a PBL é composta por etapas conforme abaixo, sendo que, na primeira, os problemas são identificados, a partir daí são formuladas as hipóteses, solicitados dados adicionais, identificados os temas de aprendizagem, é elaborado um cronograma de aprendizagem, e um estudo independente. Na segunda etapa retorna-se ao problema, são feitas críticas e são aplicadas novas informações, são solicitados dados adicionais, o problema é redefinido juntamente com a reformulação de hipóteses, identificados novos temas de aprendizagem, e anotação das fontes. E, na terceira etapa retorna-se ao processo e efetua-se uma síntese do mesmo.

O trabalho em grupo na Aprendizagem Baseada em Problemas apresenta alguns benefícios como os de: motivar os aprendizes, melhorar o desempenho deles através de debates, discussões, perguntas, explicações e avaliações, dentre outros.

Através do trabalho em grupo, apresenta-se uma situação-problema, e os alunos a investigam, analisam, debatem e propõem soluções, além disso, o docente tem como função facilitar o processo de aprendizagem. Em geral, este método encontra-se pautado numa abordagem sistematizada para a solução de problema.

Na sequência, a Figura 5 demonstra as etapas do método de aprendizagem baseada em Problemas.

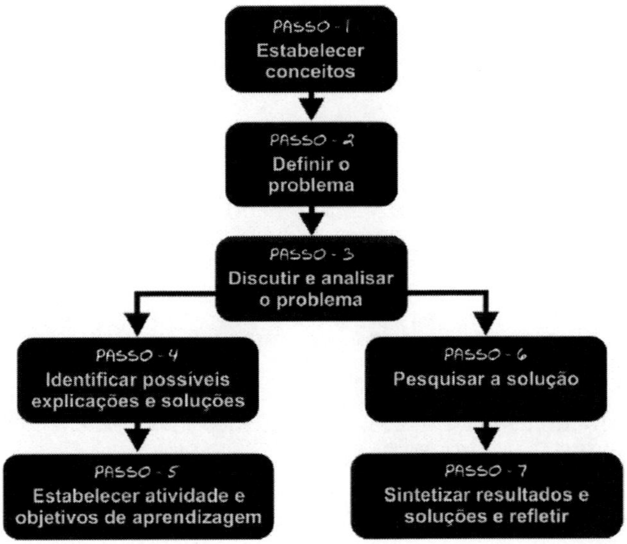

Figura 5 – Etapas com base na Aprendizagem Baseada em Problemas

Fonte: Gijeselaers *apud* GOMES e MOTA (s/d, p. 17)

O método é amplamente usado com estudos de caso, no qual o docente demonstra uma situação, que pode ser real ou não, e os alunos começam a pensar numa solução, mobiliza a interdisciplinaridade levando-os a buscarem respostas.

5.3 Aprendizagem baseada em projetos

Neste método, os aprendizes estão envolvidos em atividades e desafios em que eles tenham um problema a solucionar, ou ainda desenvolver um projeto relacionado à sua vida particular. Este método tem como base problemas reais, provendo ao aprendiz senso de responsabilidade e propriedade em suas tarefas, assim, eles procuram por respostas e soluções.

Esse método visa atingir nas informações apresentadas novos sentidos, e promover uma aprendizagem ancorada na explicação relacional, para além da descrição da informação.

Ou seja, a Aprendizagem Baseada em Projetos tem como pressuposto a organização em grupos de alunos para o desenvolvimento de uma atividade, que pode ocorrer em espaços virtuais ou não. Seu desenvolvimento inicia quando o educador apresenta algo empolgante, que irá direcionar as ações relacionadas ao projeto, além de prover orientações como prazo, proposta do trabalho, expectativas de resultados e critérios de avaliação (FILATRO e CAVALCANTI, 2018).

Ao final, há a entrega de um produto, como um relatório das tarefas executadas, ou até mesmo um protótipo da solução encontrada ou ainda um plano de ação a ser feito numa comunidade local. O importante desta abordagem é que ela seja significativa aos estudantes e/ou profissionais, que tenha um propósito educacional bem definido e claro, além de fazer com que eles coloquem a mão na massa, e resgatem o conceito de "aprendendo a fazer".

A Figura 6 demonstra um roteiro para a aprendizagem baseada em projetos.

Figura 6 – Roteiro para aprendizagem baseada em projetos
Fonte: GAROFALO (2018, p. 1)

Com isso, os alunos lidam com questões interdisciplinares, decidem ou agem sozinhos e em equipe, além de trabalharem com pensamentos críticos e criativos, e perceberem os diversos caminhos na realização de uma atividade, aptidões tão essenciais no atual século. A avaliação é realizada de acordo com o desempenho das tarefas e quando eles entregam o projeto.

Neste método está previsto paradas para que os indivíduos envolvidos possam refletir, dar um retorno, se autoavaliarem ou ainda receber avaliações de seus companheiros de equipe ou de outros para que as ideias sejam melhoradas. Neste tipo de metodologia há um produto a ser gerado, que não precisa ser concreto, podendo ser uma ideia, uma campanha, uma teoria, etc. O importante nele é obter oportunidades de aplicação naquilo em que o aprendiz está aprendendo e desenvolver determinadas aptidões.

Tendo-se como base o trabalho colaborativo, este método se utiliza da aprendizagem colaborativa, ou seja, são procurados problemas vivenciados no dia a dia de uma comunidade, e os aprendizes ao identificarem tais adversidades procuram por soluções.

Em geral, os projetos possuem as seguintes características: os alunos têm disposição à aprendizagem e se envolvem em conceitos e princípios centrais de uma disciplina; são destacadas questões provocativas, o que demanda lidar com alguma ferramenta ou habilidades com algum tipo de tecnologia para aprendizagem, autogestão e gestão do projeto; determinam produtos que solucionam os problemas e incluem diversos outros que permite um *feedback*; se utilizam de instrumentos que avaliam o desempenho; e estímulo na cooperação.

Existem diversos modelos que podem implementar a metodologia de projetos, desde alguns de curta duração circunscrito à sala de aula até os mais complexos e que têm uma duração maior.

Dentre os modelos destacam-se: exercício-projeto no qual se aplica numa determinada disciplina; componente projeto, em que se desenvolve de maneira independente das disciplinas; abordagem-projeto, quando há um vínculo entre as disciplinas; currículo-projeto, quando se têm diversas disciplinas dissolvidas em seus conteúdos.

Igualmente, os projetos são categorizados em conformidade aos seus objetivos, assim, podem ser: projeto construtivo, quando se constrói algo novo tanto no processo quanto no resultado; projeto investigativo, está centrado em pesquisar uma questão ou situação, utilizando técnicas de pesquisa científica; projeto explicativo que procura explicar, demonstrar, revelar os princípios científicos de funcionamento de objetos, mecanismos ou sistemas.

Assim, ao obter projetos bem elaborados, estes mobilizam as competências cognitivas e socioemocionais, e suas etapas compreendem: motivação e contextualização; locais de criação, que tenham ideias, saibam ouvir outras pessoas e escolher o que e como produzir, aprendam a argumentar e a convencer; organização; autoavaliação e avaliação de outros a respeito do que estão gerando, e que possam mudar; incorporação de melhorias de ideias; aplicação do que os alunos estão aprendendo para gerar os produtos; apresentação daquilo que fizeram, com celebração e avaliação final.

Um bom projeto compreende a escolha do tema; o preparo de materiais, a problematização e a pesquisa; a definição de estratégia; e uma avaliação.

5.4 Sala de Aula Invertida

A metodologia do ensino tradicional se utiliza de uma sala de aula, cujo espaço utilizado pelo educador destina-se a passar informação ao educando, que, posteriormente estudará o material para fazer alguma tarefa e ser avaliado quanto à assimilação do ensino (BACICH e MORAN, 2018).

Este tipo de metodologia vem transformando a prática de ensino, e possibilita ao educador assumir um papel diferente perante seus alunos, por isso muitos professores ao redor do mundo estão adotando esta abordagem em diversos níveis.

Atualmente, os estudantes ao acessarem os canais digitais presentes em suas vidas conseguem acessar tudo ao mesmo tempo, desde os exercícios ou atividades escolares, enviam mensagens de texto, postam e curtem no Facebook e ouvem música.

Ou seja, os alunos se ocupam, e em geral estão sobrecarregados, alternando entre diversas atividades, porém, a flexibilidade proporcionada pela sala de aula invertida é apreciada pelos educandos, e o professor atende aos estudantes que têm mais dificuldades, de tal maneira que há um progresso melhor entre todos.

Igualmente, as tecnologias envolvidas numa sala de aula invertida dão condições para que ele possam explorar esse meio, e melhorar a interação com os alunos, promovendo uma fusão ideal da instrução *on-line* e da instrução presencial (BERGMAN e SAMS, 2018).

Por sua vez, na sala de aula invertida, o educando estuda previamente, e a aula torna-se o lugar de aprendizagem ativa, onde ocorrem questionamentos, discussões e atividades práticas.

A base desta abordagem está na mudança do modelo de ensino tradicional para que a exposição de materiais de aula seja recebida pelos alunos antecipadamente, e os docentes dediquem seu tempo em sala de aula à tutoria individual.

Aqui, os alunos têm acesso a determinados conteúdos que serão vistos e estudados antes da aula, e no encontro em sala de aula física (ou em espaços digitais), o educador tornará fácil uma discussão na qual os educandos apresentarão dúvidas a respeito do que estudaram, assim, acontecem diversas possibilidades, como o compartilhamento de conhecimentos, além de relacionarem os conceitos com suas experiências, podendo até desenvolver projetos com a orientação do professor.

Com um novo modelo para o ambiente escolar, as salas de aulas invertidas nas instituições brasileiras de ensino superior também estão cada vez mais presentes.

Prática e eficaz, a aula invertida vem sendo cada vez mais utilizada por professores, pois tem uma abordagem bem simples cujas instruções são fornecidas por vídeo instrutivo em que o tempo em sala de aula é dedicado à aplicação, análise e prática, onde na presença do educador, este apenas esclarece concepções errôneas e perguntas.

Portanto, na aula invertida o aluno estuda o conteúdo em um ambiente externo à sala de aula presencial, e quando esta acontece, são esclarecidas as dúvidas pelo professor através da exposição de conteúdo ou ainda pela atividade feita.

Atual e moderna, a sala de aula invertida coloca o estudante em direção ao conhecimento, para tanto, o professor passa o conteúdo da aula brevemente, assinalando que pesquisem sobre o tema em casa pelos meios necessários para então posteriormente levar o conteúdo aprendido à sala de aula apenas para tirar suas dúvidas.

A característica principal desta metodologia, é a de que o trabalho leve é feito antes da aula presencial, e nos encontros em sala de aula, o conteúdo básico já foi apresentado, consequentemente, o tempo disponível em aula envolve os alunos em processos cognitivos mais complexos, e o professor está ali para auxiliá-los.

Mundialmente, os alunos aprendem em salas de aulas invertidas encontradas em diversos países, na maioria das disciplinas, e quase que em todos os níveis de ensino. Em pesquisa realizada com alunos, que contou com a participação de 2.344 alunos americanos, 30,6% deles que na disciplina de ciências e 29,2% em matemática estão entre as mais utilizadas nas aulas invertidas (BERGMANN, 2018).

Nesta abordagem, o educador trabalha as dificuldades dos alunos, e previamente examina as questões mais problemáticas, que devem ser trabalhadas em sala de aula. Por sua vez, os educandos podem se utilizar das tecnologias digitais e através deste recurso são feitas simulações animadas, visualizam conceitos e realizam experimentos individualmente ou em grupos.

O uso de tecnologias digitais de informação e comunicação (TDIC) fez com que as instituições de ensino superior incrementassem seus recursos tecnológicos, bem como a formação de docentes para se adequarem à nova realidade pedagógica.

Dentre as características desta nova abordagem pedagógica se encontram alguns recursos como:

a. a animação de objetos na tela;
b. a possibilidade de novos letramentos além do alfabético, como o imagético, o sonoro, etc.; e
c. a criação de contextos educacionais que começam a despontar e que vão além das paredes da sala de aula e dos muros da universidade.

Ou seja, existem diversas possibilidades, e as escolas vêm repensando em suas salas de aula, assim, uma das estratégias encontra-se na sala de aula invertida através da disseminação das TDIC, amplamente usadas por alunos de graduação, que as dispõem.

Essas tecnologias facilitam o processo de aprendizagem, uma vez que possibilitam agilidade e tornam possível a comunicação, compartilhando informações, reduzindo distâncias, dando condições ao acesso à toda e qualquer informação que possa contribuir com a atividade realizada (DIAS e VOLPATO, 2017).

O conteúdo dessa abordagem pedagógica, bem como as instruções recebidas são realizadas pela internet, antes de o aluno frequentar a aula, usando as tecnologias digitais em ambientes virtuais de aprendizagem.

Ou seja, a sala de aula se transforma num local de trabalho, no qual são realizados os conteúdos estudados, cujas atividades práticas são as de resolução de problemas e projetos, discussão em grupo e laboratórios.

Tal acontecimento faz com que se tenha a oportunidade de o educador diagnosticar o que o aprendiz foi capaz de realizar, saber de suas dificuldades, conhecer seus interesses e as estratégias de aprendizagem utilizadas. E, ambos podem sugerir atividades e criar situações de aprendizagem totalmente customizadas ou mais personalizadas.

De acordo com o relatório *Flipped Classroom Field Guide*, citado por Bacich (2018, p.79), as regras básicas para inverter a sala de aula são: atividades com questionamentos, resolução de problemas e outras atividades de aprendizagem ativa, obrigando o aluno a recuperar, aplicar e ampliar o material aprendido *on-line*; após as atividades presenciais, os educandos devem receber retorno; incentivo para que os alunos participem das atividades *on-line* e presenciais, com avaliações; materiais *on- line* e presenciais devem ser estruturados e planejados.

Como metodologia pedagógica, ela inverte o momento de estudo, o momento de exposição, e desenvolvimento do conteúdo, assim, o aluno estuda o material em casa através de materiais preparados e direcionados pelo professor, enquanto na aula ocorre uma discussão e solução de exercícios com a ajuda do professor.

Os conteúdos e as instruções aos alunos são via *on-line* que contam com as tecnologias digitais, com isso a sala de aula passa a ser um local de trabalho daquele material já estudado, e ali são realizadas atividades práticas como resolução de problemas e projetos, discussão em grupo e laboratórios.

Para se aplicar esta metodologia pedagógica se faz necessário atividades envolventes, retorno das atividades, participação tendo-se como critério avaliação, e materiais de estudo e aulas planejadas.

Igualmente importante está a seleção de materiais destinados aos estudantes, que podem ser através de vídeos curtos e de qualidade, reportagens, textos, aplicativos, entre outros. A disponibilização desses materiais pode ser através de e-mails, redes sociais e outras plataformas de comunicação.

Ao comparar o modelo tradicional com o modelo de sala de aula invertida, em geral BERGMAN e SAMS (2018) expõem que geralmente se dedicam 25 minutos às atividades da metodologia tradicional, além de 30 ou 45 minutos que destinam o restante da aula a práticas independentes ou a experiências de laboratório.

Os mesmos autores explicam que na sala de aula invertida, o tempo é reestruturado, sendo que os primeiros minutos são destinados aos questionamentos do conteúdo passado por vídeo, assim, eles esclarecem as dúvidas, e o restante do tempo são para as atividades práticas ou solução de problemas.

Para se ter uma ideia do tempo entre uma aula tradicional e uma sala de aula invertida, a Tabela 1 a seguir fornece em detalhes esse comparativo.

Tabela 1 – Comparativo entre Sala de aula tradicional e Sala de aula invertida

Sala de aula tradicional		Sala de aula invertida	
Atividade	***Tempo***	***Atividade***	***Tempo***
Atividade de aquecimento	5 minutos	Atividade de aquecimento	5 minutos
Repasse do dever de casa da noite anterior	20 minutos	Perguntas e respostas sobre o vídeo	10 minutos
Preleção de novo conteúdo	30–45 minutos	Prática orientada e independente e/ou atividade de laboratório	75 minutos
Prática orientada e independente e/ou atividade de laboratório	20–35 minutos		

Fonte: BERGMAN e SAMS (2018, p. 35)

Conclusão

Ao longo deste capítulo verifica-se que a metodologia ativa pressupõe o aluno como agente ativo da aprendizagem, ou seja, ele não é mais aquele indivíduo que apenas anota as informações.

Além disso, o professor tem diante de si um conjunto de educandos com diversas habilidades, consequentemente, ele terá que conhecer as necessidades e expectativas daqueles indivíduos, bem como levar em consideração os fatores que influenciarão na sala de aula, o que o leva a vivenciar diferentes estratégias de ensino num formato distinto daquele tradicional.

Embora, a aprendizagem feita por transmissão apenas do professor seja relevante, aquela realizada por questionamentos do aluno, em que este participa efetivamente da aula, traz uma compreensão mais ampla e profunda, pois requer um aprender fazendo, aumentando a capacidade de intercalar e realizar diferentes tarefas.

O educador como facilitador ganha relevância, e a sua função é a de auxiliar os alunos a irem além de onde conseguiriam ir sozinhos, motivando, questionando, orientando, fazendo com que aqueles educandos participem ativamente e de maneira expressiva.

Referências

BACICH, Lilian; MORAN, José. **Metodologias ativas para uma educação inovadora:** uma abordagem téorico-prática. Porto Alegre: Penso, 2018.

BERGMANN, Jonathan. **Aprendizagem invertida para resolver o problema do dever de casa** [recurso eletrônico]. Porto Alegre: Penso, 2018.

BERGMANN, Jonathan; SAMS, Aaron. **Sala de aula invertida:** uma metodologia ativa de aprendizagem. Rio de Janeiro: LTC, 2018.

CAMARGO, Fausto; DAROS, Thuinie. **A sala de aula inovadora – estratégias pedagógicas para fomentar o aprendizado ativo**. UNIAMERICA, 2018.

CENTRO PAULA SOUZA. **Metodologias ativas para aulas online nas FATECs**. Governo do Estado de São Paulo, 2020.

DELIBERALI, Gabriela Aprigia Monteferrante; ANTONIO, Davi Gutierrez. **Metodologias Ativas:** do ensino criativo à aprendizagem significativa. Projeto de formação continuada de professores da educação profissional do Programa Brasil Profissionalizado - Centro Paula Souza - Setec/MEC, 2019

DIAS, Simone Regina; VOLPATO, Arceloni Neusa. **Práticas Inovadoras em Metodologias Ativas**. Florianópolis: Contexto Digital, 2017.

GOMES, Silvane Guimarães Silva; MOTA, Maria Veranilda Soares. **Metodologias Ativas na prática docente**. CEAD, s/d.

FILATRO, Andrea; CAVALCANTI, Carolina Costa. **Metodologias Inov-ativas na educação presencial, a distância e corporativa**, São Paulo: Saraiva Educação, 2018

GAROFALO, Débora. **Como as metodologias ativas favorecem o aprendizado.** 25.06.2018. disponível em: < https://novaescola.org.br/conteudo/11897/como-as-metodologias-ativas-favorecem-o-aprendizado> Acesso em: fev. 2021.

MORÁN, José. Mudando a educação com metodologias ativas In: **Coleção Mídias Contemporâneas. Convergências Midiáticas, Educação e Cidadania: aproximações jovens.** Vol. II. PG: Foca Foto-PROEX/UEPG, 2015.

SILVA, Andreza Regina Lopes et al **Metodologia ativa na educação**. São Paulo: Pimenta Cultural, 2017.

Capítulo 6

Interação Remota: ferramentas para novos cenários de comunicação educacional

Prof. Dr. Marcos Andrei Ota
Prof. Dra. Adriana Aparecida de Lima Terçariol
Prof. Dra. Daniela Melaré Vieira Barros

Considerações Iniciais

O mundo inteiro se deparou com a necessidade de suspender os processos formativos na modalidade presencial, diante da emergência do novo coronavírus (SARS-CoV-2), "causador da doença COVID-19, foi detectado em 31 de dezembro de 2019 em Wuhan, na China. Em 9 de janeiro de 2020, a Organização Mundial da Saúde (OMS) confirmou a circulação do novo coronavírus" (LANA et al, 2020, p. 01). Diante desse cenário, de expansão da pandemia, as instituições de ensino transformaram-se num ambiente de risco, exigindo, portanto, novas medidas institucionais e pedagógicas para manter sob caráter emergencial, modelos de ensino remoto.

Inúmeros casos de contágios em professores e alunos já foram diagnosticados neste período. Sendo assim, para evitar que o meio educacional seja mais um local de propagação do vírus, legislações foram sistematizadas pelos órgãos federais e divulgadas, delegando às instituições educacionais, dos diferentes níveis de ensino a possibilidade de darem continuidade às suas atividades pedagógicas remotamente.

Essa situação mobilizou, então, as instituições formais de ensino, com amparo legal, a lançarem mão de caminhos diferenciados para que o processo de ensino e aprendizagem pudesse continuar sendo desenvolvido, mas agora não mais presencialmente e sim de forma on-line/remota. Desde então, isso vem ocorrendo, por meio de recursos de webconferência, dentre eles: *Zoom, Google Meet, Microsoft Teams.* Observa-se ainda que muitas instituições de ensino passaram a ampliar a utilização dos ambientes virtuais de aprendizagem como a principal "sala de aula" onde todas as ações assíncronas, aprofundamento do conteúdo, processos avaliativos e demais evidências pedagógicas estão sendo mantidas.

Outras tecnologias digitais de comunicação rapidamente se disseminaram em grupo de WhatsApp como uma alternativa de disponibilização de links, avisos gerais, suporte e outros esclarecimentos entre os professores e a turma e/ou até mesmo entre os próprios alunos. Importa notar, que muitas outras ferramentas estão sendo exploradas à medida que os professores ampliam a sua proficiência e literacia digital e passam a considerar tais recursos como possibilidades para a mediação da aprendizagem.

Neste contexto, a interação remota se coloca como um eixo essencial para ressignificação das práticas pedagógicas para este "novo normal", nos diferentes níveis de ensino, a partir de estratégias que possam viabilizar o ensino e a aprendizagem dos saberes necessários.

O uso de ferramentas digitais se tornou algo essencial e prioritário, uma vez que os espaços escolares, momentaneamente, estão indisponíveis para acesso presencial. Cabe aqui, uma consideração importante a se fazer, tendo em vista que esses recursos não devem ser confundidos ou assumidos como estratégias de aprendizagem ativa e tampouco serem utilizados sem a devida intencionalidade pedagógica.

Vale considerar também que o momento no qual nos encontramos, mobilizou a busca positiva de um movimento disruptivo no processo de ensino e aprendizagem, em especial, nas práticas pedagógicas, pois impulsionou o docente a superar barreiras e a aderir ao uso das tecnologias digitais para o exercício de sua função, independente da sua área de atuação. Com isso, os usos se intensificaram e a busca por informação e novas aprendizagens na área ampliaram, o que evidenciou dificuldades e angústias sobre como ensinar e aprender no virtual (BARROS, 2020a, 2020b).

O ensino remoto evidenciou uma carência de formações específicas para o uso efetivo das tecnologias digitais na educação, o que contribuiu para as dificuldades estabelecidas no momento de articular as tecnologias ao currículo, bem como adotá-las como um meio para a viabilização da prática educativa em todos os níveis de ensino. Nesse contexto, emergiram algumas indagações: como a comunicação entre o professor e alunos ocorre nos moldes da educação remota? E quais ferramentas podem ser usadas para viabilizar a interação nessa modalidade de ensino?

A partir desses questionamentos o presente texto vem contribuir para o diálogo entre pares na construção de ideias e caminhos do fazer pedagógico atualizado e que atenda às necessidades do novo cenário criado. A justificativa do exercício aqui proposto é indicar a ferramenta a partir de duas características que envolvem não somente os serviços que a ferramenta oferece, mas também o conteúdo que ela gera e possibilita a favor da aprendizagem, potencializando assim, as práticas e a adaptação do fazer pedagógico ao cenário online.

Longe de ser um texto veiculado a determinadas ferramentas, a proposta aqui é dar a conhecer a amplitude pedagógica das mesmas para que o docente escolha e as utilize considerando as competências a serem desenvolvidas. Para tanto, este capítulo está estruturado da seguinte forma: inicialmente, apresenta-se o referencial de comunicação síncrona e assíncrona em ambientes online, num segundo momento a caracterização de algumas ferramentas digitais e, por fim, reflexões sobre a sua aplicabilidade no contexto do ensino remoto.

1. **A Comunicação em Ambientes de Educação Online: O Síncrono e o Assíncrono no Ensino Remoto**

O ensino remoto aqui entendido como um processo emergencial e que agora começa a reestruturar-se para buscar qualidade na forma como ocorre, vem buscar diretamente referenciais e diretrizes da educação a distância e em especial no online. Essa situação passa por um processo de construção aleatória e que conecta referências a partir da problemática existente.

Considerando essa realidade, relembramos que a sociedade da informação revolucionou com o conceito de tempo e espaço a partir do momento em que a evolução tecnológica contribuiu com que pessoas de diferentes partes do mundo se conectassem, independentemente de sua distância geográfica. Conexão essa que hoje permite o diálogo, o compartilhamento de informações, bem como a produção, colaborativa, de novos conhecimentos. Tem-se a partir desse cenário a educação online, que pode ser definida como um ambiente no qual o ensinar e o aprender se desenvolvem por meio de tecnologias de rede. No entanto, para que as iniciativas de educação online tenham sucesso, as instituições educacionais devem compreender os benefícios e as limitações das diferentes técnicas e métodos aplicados nessa modalidade (HRASTINSKI, 2008). A Figura 01, destaca 8 princípios da educação online.

Embora apresentados um a um, os princípios estão correlacionados, são interdependentes, fazem parte de um conjunto coerente de concepções e ações necessárias para efetivar a Educação Online: não é possível promover aprendizagem colaborativa (4º princípio), se não houver conversação entre todos (5º princípio); para efetivar a colaboração (4º princípio) promovendo conversação (5º princípio) e coautorias (6º princípio), é preciso haver mediação docente ativa (7º princípio); atividades autorais (6º princípio) só fazem sentido quando o conhecimento é entendido como obra aberta (1º princípio); entre outras relações (PIMENTEL; CARVALHO, 2020, s/p).

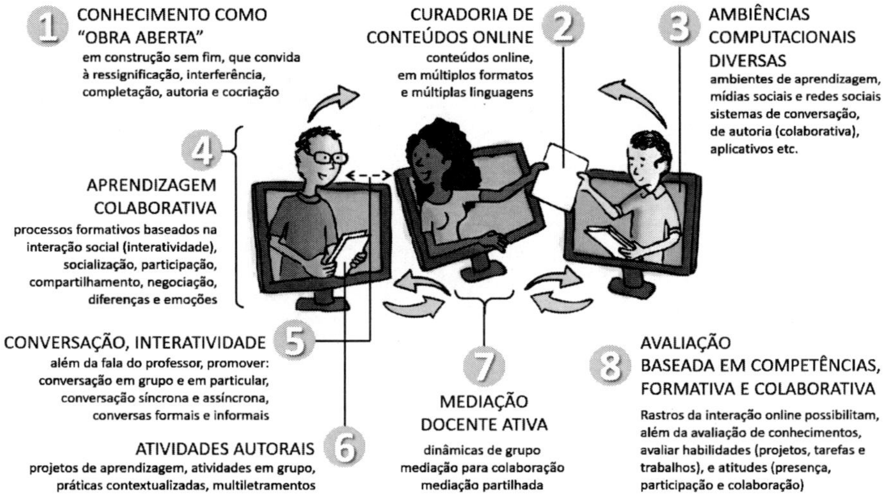

Figura 01: Princípios da educação online. Fonte: http://horizontes.sbc.org.br/index.php/2020/05/principios-educacao-online/

Ao se pensar nesses princípios e nas diferenças de tempo e espaço no online, bem como em seus impactos na aprendizagem (BARROS, 2020c) leva-nos a refletir sobre os modos de comunicação que se tornam possíveis mediante o síncrono e o assíncrono. Para a compreensão e reflexão sobre esse tema considerou-se as dificuldades manifestadas pelos docentes, formadores e educadores, de um modo geral. Nesse sentido, faz-se necessário considerar que a comunicação no digital ocorre em dois formatos: o síncrono e o assíncrono.

Quadro 1 : Principais características do síncrono e assíncrono para processos pedagógicos no ensino remoto

Elementos e Características Processos Pedagógicos no Ensino Remoto	Síncrono	Assíncrono
Espaço	Aplicativos, Softwares, Apps e Ferramentas para comunicação em tempos combinados e espaço estipulado.	Aplicativos, Softwares, Apps e Ferramentas para comunicação em espaço e tempos distintos.
Tempo	Tempo real.	Período alargado
Comunicação	Expositiva.	Orientativa.
Conteúdo	Comunicação direta, percepções e direcionados de acordo com as colocações, dúvidas e questões em tempo real.	Comunicação indireta, planejada e direcionada estruturada com atividades e exercícios, prazos e recursos indicados.
Estratégias pedagógicas	Dinâmicas e individuais.	Individuais, em grupos, em rede.

Fonte: Adaptado de Barros (2021).

Entende-se que na educação online a comunicação assíncrona, normalmente viabilizada por meios de tecnologias como, por exemplo, o e-mail e fóruns de discussão, favorece a interação entre alunos e professores, mesmo quando não podem estar online ao mesmo tempo. É, então, um elemento fundamental do assíncrono, tornando-o flexível. Na verdade, muitas pessoas fazem cursos online devido a sua natureza assíncrona, tendo a chance de combinar educação com trabalho, família e outros compromissos. A comunicação assíncrona possibilita que os alunos se *loguem* em um ambiente de aprendizagem online a qualquer momento e baixem documentos ou enviem mensagens para professores ou colegas. Além disso, os alunos podem passar mais tempo refletindo e refinando suas contribuições, que geralmente são consideradas mais ponderadas em comparação com a comunicação síncrona (HRASTINSKI, 2008).

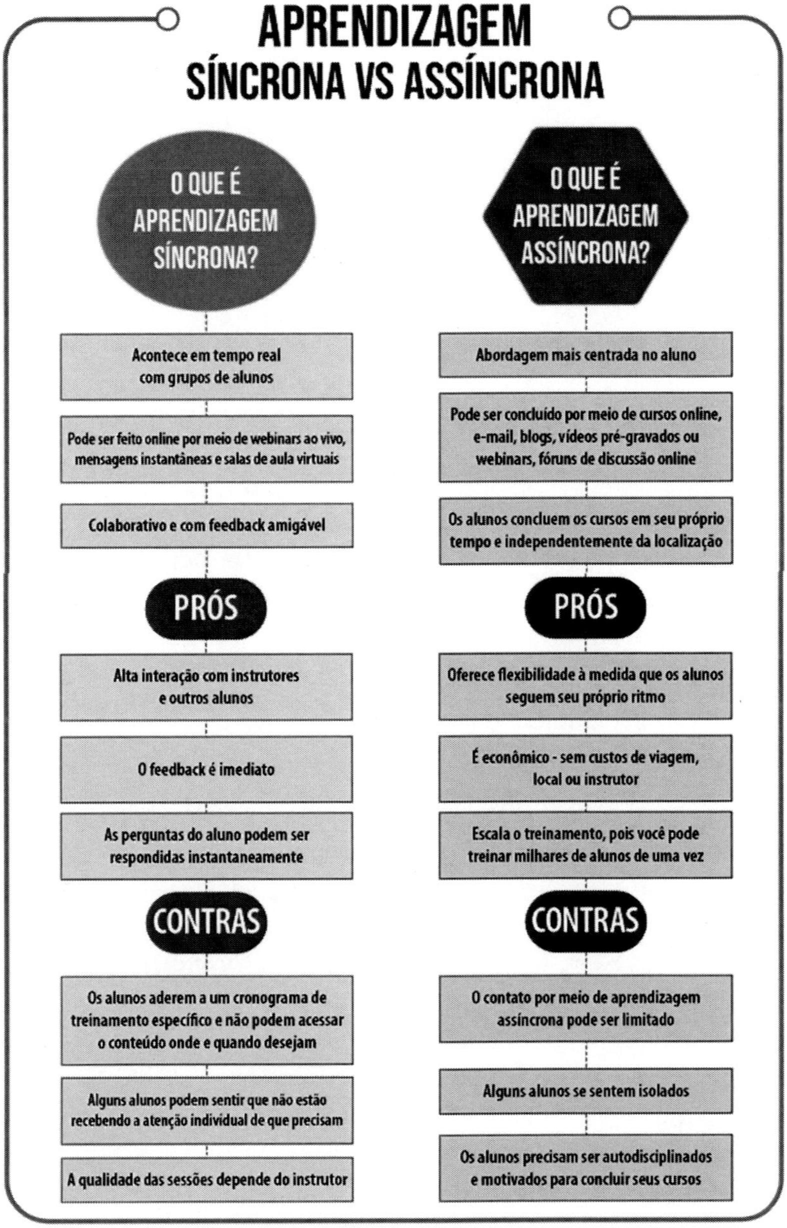

Figura 2 - Características da Comunicação Síncrona e Assíncrona

A Figura 2 destaca de forma resumida as características da comunicação síncrona e assíncrona no contexto educativo, e de forma breve algumas dificuldades que cada uma das comunicações pode causar. Basicamente, essas características estão relacionadas às dificuldades pessoais de adaptação ao meio, iso-lamento enquanto sentimento e atenção mais próximos.

Por outro lado, a comunicação síncrona, comumente favorecida por meio de videoconferências e chats, tem o potencial de apoiar os alunos no desenvolvimento de comunidades de aprendizagem. Alunos e professores experimentam o síncrono como um momento mais social que auxilia aos envolvidos a se sentirem participantes efetivos, em vez de isolados. Nesse contexto, essa sensação de isolamento pode ser superada por um contato mais frequente, via encontros síncronos, o que contribui significativamente para que os sujeitos em formação compreendam que são membros de uma comunidade, em vez de indivíduos isolados que se comunicam apenas com o computador (HAYTHORNTHWAITE; KAZMER, 2002 apud HRASTINSKI, 2008).

Sendo assim, a comunicação síncrona e assíncrona se efetiva a partir das interações desencadeadas entre docente-estudante; estudante-estudante; estudante-conteúdos e destes com os recursos. De acordo com Hrastinski, (2008), a comunicação nesses contextos pode ainda ocorrer a partir de três tipos de mensagens, a saber: **mensagens coletivas,** que se caracterizam pela emissão de informações para todos os membros de um grupo restrito; **mensagens interpessoais**, são personalizadas e emitidas essencialmente para atender às especificidades dos receptores; e as **mensagens em rede**, emitida para o coletivo em ambientes abertos com especificidades.

Quadro 02: *Quando / Por quê? / Como usar a comunicação assíncrona e síncrona*

	Comunicação **Assíncrona**	**Comunicação Síncrona**
Quando?	Para refletir sobre questões complexas. Quando as reuniões síncronas não podem ser agendadas por causa do trabalho, família e outros compromissos.	Para discutir questões menos complexas. Se familiarizar com a proposta de formação, temas a serem estudados. Tarefas de planejamento.
Por quê?	Os alunos têm mais tempo para refletir porque o remetente não espera uma resposta imediata.	Os alunos ficam mais comprometidos e motivados porque uma resposta rápida é esperada.
Como?	Use meios assíncronos, como e-mail, fóruns de discussão, blogs, entre outros recursos.	Use meios síncronos, como videoconferência, mensagens instantâneas e bate-papo, e complemente com reuniões presenciais face a face.

Fonte: Adaptado de Hrastinski (2008).

Torna-se necessário compreender que no âmbito dessas mensagens existem objetivos a serem alcançados, para tanto o modo como serão atingidos é delineado, adotando-se como referência as intencionalidades pedagógicas, Isto significa que estão amparadas em orientações do docente para a aprendizagem dos estudantes. Essas orientações são diversificadas e podem englobar, de um modo geral, diversos estilos e formatos que possam ser assimilados por todos os estudantes (BARROS, 2020).

Ao se considerar o síncrono e o assíncrono como possibilidades de comunicação para o ensinar e o aprender no online, a intencionalidade pedagógica, nesses contextos, pode ser entendida por toda a ação do docente desempenhada, de forma consciente, em prol da aprendizagem do aluno. Para tanto, o docente adota como parâmetro o "cenário pedagógico", ou o "lugar" onde as mediações se dão de maneira relacional (NEGRI, 2016 apud BARROS, 2021, no prelo).

2 - Ferramentas e suas Potencialidades Pedagógicas para a Comunicação Síncrona e Assíncrona

Nesta seção, trazemos à tona a indicação de algumas ferramentas digitais que possam viabilizar as interações em diferentes espaços e momentos da aprendizagem.

Assim, como ponto de partida, vamos refletir sobre algumas indagações importantes, adaptadas dos estudos de Bigg e Tang (2011):

1. *O que os alunos devem ser capazes de fazer (habilidade) no final da aula?* ***(Objetivo Pedagógico)***

2. *Como verificarei se os alunos aprenderam?* ***(Verificação da Aprendizagem)***

3. *Quais atividades serão propostas durante a aula para que os alunos atinjam os resultados de aprendizagem pretendidos?* ***(Atividade de aula)***

Tendo em vista as inúmeras possibilidades oportunizadas pelos ambientes virtuais de aprendizagem e o acervo de ferramentas digitais disponíveis, ao estabelecer respostas para cada questionamento acima, eis que surge uma 4ª pergunta:

1. Há algum recurso ou aplicativo que possa apoiar as estratégias escolhidas, tanto para o processo ensino (professor) quanto para a aprendizagem (aluno)?

É fulcral alertar que ao recorrer a essas indagações, o docente tende a ter um planejamento mais assertivo e equilibrado para que as ações de ensino estejam contempladas, sem perder de vista, os objetivos de aprendizagem pretendidos, evitando sobrecarga cognitiva pelo excesso de informações e conteúdo. Ademais, em alguns casos, o contexto de utilização (síncrono e assíncrono) dessas ferramentas, poderá sofrer alteração e/ou pode ser pensada para ambos os momentos, já que a estratégia/criatividade adotada pelo docente no planejamento passa ser o diferencial para gerar o engajamento dos estudantes via interação remota ou na instrução da sequência didática orientada para um momento assíncrono.

O período pandêmico acelerou o crescimento e adaptação de tecnologias digitais a fim de atender as demandas oriundas do ensino remoto emergencial, tanto para facilitar o fazer docente quanto para flexibilizar a aprendizagem do estudante. As mudanças nas funcionalidades das ferramentas de webconferência são ótimos exemplos para observar os rumos que a comunicação educacional tem tomado em decorrência dos modelos de ensino remoto adotado em vários países.

Essas inovações impulsionam novas formações docente que por conseguinte, acabam exibindo do corpo docente uma certa resiliência para se manter atualizado a esse cenário de mudança contínua. Reitera-se, portanto, um olhar atento às competências digitais docentes, numa perspectiva de inclusão de todos: professores e estudantes devem estar preparados para lidar com essas mudanças; de modo que o digital possa auxiliar no desenvolvimento de práticas de ensino e de aprendizagem e de todo um ecossistema educativo de elevada qualidade (OTA e DIAS-TRINDADE, 2020).

A seguir, apresentamos o Quadro 3 que reúne a categorização das ferramentas com breve descrição e contexto de utilização recomendável para o planejamento de uma aula/atividade. Importa ressaltar, que os recursos categorizados neste Quadro não devem ser utilizados sem o devido planejamento e intencionalidade pedagógica.

Quadro 3: Ferramentas e suas potencialidades pedagógicas

Estratégia	Recurso	Descrição e Intencionalidade Pedagógica	Contexto
Criação e Curadoria de Conteúdo	Genially	Plataforma multifuncional dedicada para o desenvolvimento de recursos digitais e estratégias de gamificação, oferece múltiplas possibilidades para a criação de conteúdo interativo para o ensino e aprendizagem. Permite integrar outros recursos e incorporar criações em ambientes virtuais. É possível ocultar conteúdos e planejar a sequência das informações, bloqueando telas com uso de senhas.	Síncrono e Assíncrono
	EdPuzzle	Ferramenta online e gratuita utilizada para a edição de vídeos pessoais ou da web e que permite a inserção de diferentes atividades a ele para que possa ser disponibilizado ao aluno. Uma boa estratégia para realizar curadoria e aproveitamento de materiais da internet, transformando vídeos em objetos de aprendizagem.	Assíncrono
	Insert Learning	Recurso para curadoria de conteúdo da web. Essa extensão permite ao usuário fazer marcações, sejam textuais ou destaques diretamente em páginas da web e encaminhar o conteúdo analisado para que os discentes possam contribuir com suas anotações, participar de discussões ou responder aos testes.	Síncrono e Assíncrono
	Diigo	Oferece a seus usuários uma forma de organizar páginas da web, tecer marcações e transformar páginas em conteúdo de aula, uma outra possibilidade para transformar conteúdos em objetos de aprendizagem e/ou planejar uma instrução didática.	Síncrono e Assíncrono
	Khan Academy	É uma plataforma educacional gratuita. Essa solução oferece diversos conteúdos através de vídeos curtos, além da possibilidade de somar pontos, obter medalhas e experiência durante o percurso de aprendizagem. Uma boa seleção dos recursos disponibilizados poderá apoiar as competências básicas de aprendizagem (pré-requisitos e materiais de apoio), servindo também como material de apoio.	Assíncrono
	Wakelet	Essa plataforma permite criar e administrar coleções de conteúdos extraídos da web como: sites, vídeos, entre outros. Com ela é possível reordenar coleções existentes e compartilhar com outras pessoas e seguir coleções de outros usuários. Uma forma adicional para criar/organizar temas da aula e ter categorizados materiais de ensino.	Assíncrono
	Pocket	Permite que os usuários salvem os links, fotos e vídeos que veem na Internet para leitura posterior. Um ponto interessante dessa extensão, é que a curadoria pode ser feita de várias maneiras, não apenas por meio de um navegador desktop ou mobile.	Assíncrono
	Screencastify	É uma extensão que permite seus usuários criar uma captura de vídeo de forma rápida e prática em uma resolução predeterminada e permite que o armazenamento do conteúdo gravado seja no Google Drive ou no próprio *plug-in*. Tem como potencial, permitir a gravação de tutoriais, explicações de conteúdo, videoaula, orientações e demais estratégias para compartilhamento.	Assíncrono
	Bigvu	É um aplicativo que pode ser utilizado tanto na versão web, quanto mobile. Ele é um estúdio que permite criar um roteiro de gravação e simular um *teleprompt* para leitura enquanto grava seus conteúdos. Para o professor, o recurso facilita a roteirização das videoaulas, podendo também apoiar as apresentações de trabalho dos estudantes (Seminários, por exemplo).	Assíncrono
	Anchor	Plataforma voltada para a criação de *podcasts*. Nela, é possível criar, editar, convidar amigos a colaborar com suas gravações e publicar seus conteúdos de forma simples, além de sua integração com o Spotify. Pode ser utilizado para estimular uma rádio da sala/grupo a fim de explorar outras habilidades dos estudantes, bem como, entrevistas, projetos institucionais e assuntos complementares da aula/curso.	Assíncrono
	Bitmoji	Ferramenta para a criação de *emojis* para utilização em diversos aplicativos, como o WhatsApp, por exemplo. Com ele você cria *emojis* de personas que poderão ser utilizados para elaboração de conteúdo. No ensino remoto, é uma forma criativa de apresentar o conteúdo autoral. Todas as instrucionais e o conteúdo no ambiente virtual podem trazer o "avatar" do professor.	Síncrono e Assíncrono

	Badge Design	Site que permite criar medalhas para gamificação. Professores que criam objetos interativos e/ou desenvolvem trilhas de aprendizagem gamificadas, podem explorar para personalizar as conquistas dos estudantes.	Assíncrono
	VeeR	O aplicativo para dispositivos móveis oferece experiências de realidade virtual imersivas, possibilitando a vivência do local e/ou da situação-problema discutida.	Assíncrono
	Seneca	Atividades de revisão interativas e gratuitas usadas por 250 mil educadores. Uma forma adicional para reaproveitamento de atividades compartilhadas.	Assíncrono
	Canva	Este editor permite a criação de artes por meio de *layouts* prontos ou próprios com base nas ferramentas embutidas nele. Em seu banco é possível criar posts para redes sociais, sites, artes impressas, materiais gráficos, vídeos, entre outros. Uma forma ágil e mais visual para se comunicar com os estudantes e até mesmo criar pílulas de conteúdo para compartilhar. Para os alunos, é possível, por exemplo, solicitar, a produção de um infográfico e/ou produção de artes para projetos da sala.	Assíncrono
	Recursos Microsoft e Google	Permitem criar documentos, planilhas, apresentações para exibição de conteúdo e/ou propor a cocriação dos estudantes. No ensino remoto, os alunos, a partir do link compartilhando, realizam as atividades em grupo de forma síncrona ou assíncrona	Síncrono e Assíncrono
Cocriação e Interação	Mentimeter	Recurso para criar/compartilhar apresentações de slides interativos. Essa ferramenta oferece recursos interativos que poderão ser criados de forma simples dentre eles: nuvem de palavras, enquetes e questionários, que podem ser compartilhados. No ensino remoto, este recurso possibilita ampliar o engajamento dos estudantes e promover interações sobre o assunto em pauta.	Síncrono
	Slido	Com essa ferramenta é possível criar pesquisas, compartilhá-las em tempo real com seu público e interagir com as perguntas que estão sendo levantadas, por meio de uma moderação que poderá filtrar os conteúdos.	Síncrono
	Padlet	Ferramenta digital para a construção de murais virtuais colaborativos, que pode ser acessada por meio de um link. Com criatividade, pode-se propor muitas atividades ativas e estratégias para que os alunos realizem postagens e anexem conteúdos, além de tecer comentários e apresentar resultados de pesquisa.	Síncrono e Assíncrono
	Nearpod	Aplicativo que possibilita criar aulas interativas na internet e apresentá-las. Ele possui quizzes, atividades de múltipla escolha, enquetes e apresentação de conteúdos e ter interação em tempo real.	Síncrono
	Wheeldecide	É uma ferramenta que foi criada com base na roda da sorte. Com ela é possível criar sua própria roda de conteúdo para ser discutido em aula e criar uma interação interessante com os alunos por meio de rodadas de discussão. Uma boa estratégia para rodiziar as participações dos estudos/grupos.	Síncrono
	Wordwall	O intuito dessa ferramenta é criar atividades personalizadas, com o conceito de gamificação. Nela, você poderá fazer quizzes, competições, jogos de palavras e ainda aproveitar milhares de modelos prontos que podem ser adaptados de acordo com seu conteúdo.	Síncrono
	Dotstorming	Permite a colaboração em tempo real sobre um determinado assunto e refletir sobre uma possível tomada de decisão em grupo. Utiliza de votação por pontuação o que proporciona maior senso de engajamento e clareza no processo de decisão em grupo.	Síncrono
	AnswerGarden	Trata-se de um aplicativo que fornece feedbacks online. Com ele será possível obter opiniões e respostas, criar tarefas educacionais, nuvens de palavras, *brainstormings* de forma síncrona e assíncrona.	Síncrono e Assíncrono
	Jamboard	O Jamboard é um quadro interativo desenvolvido pelo Google. Esse quadro proporciona uma experiência muito boa para trabalhos colaborativos em equipes e sala de aula, que poderá ser compartilhado e editado tanto pelo smartphone, quanto pelo aplicativo web. A colaboração e cocriação é o principal foco da ferramenta. Os alunos podem expressar opiniões, reunir palavras-chaves do que foi estudado, discutir ideias, *brainstorm* para projetos etc.	Síncrono

	Coggleit	Este aplicativo web permite criar mapas mentais, além de gerar documentos estruturados de forma hierárquica. Nele, é possível trabalhar colaborativamente por meio de um brainstorm, anotações, criar síntese do conteúdo e compartilhar suas produções com quem desejar.	Síncrono
	Mindmup	É uma ferramenta web que permite a criação e compartilhamento de mapas mentais e *storyboards* de forma colaborativa com armazenamento em nuvem.	Síncrono
	Lucidchart	Ferramenta voltada para a criação de fluxogramas com diversos *templates* gratuitos e funções simplificadas como: modelos, textos, formas e cores que auxiliam no processo de elaboração de seus projetos.	Síncrono
	Kialo-edu	Nesta ferramenta é possível a participação de discussões já postadas anteriormente ou a criação de novas a fim de gerar o debate sobre o assunto destacado por meio de argumentos favoráveis ou desfavoráveis, além de possibilitar uma avaliação dos argumentos postados. Os melhores avaliados ficam em evidência no topo da discussão. Este recurso pode ser utilizado para estimular discussões e o pensamento crítico entre os estudantes.	Síncrono
	Classrooms-creen	É uma ferramenta online com o intuito de fornecer e exibir as instruções de uma determinada aula ou assunto de forma clara e visual. Possui diversos *widgets* para apoiar as atividades e potencializar a colaboração. Para o ensino remoto, o professor pode organizar todos os recursos que serão utilizados na aula (conteúdos, materiais extras, links, sugestões, timer, etc.)	Síncrono
	Whiteboard.fi	É uma ferramenta online no estilo quadro branco no qual é possível criar e compartilhar um link, código ou Qr Code para a colaboração, onde todos podem interagir com textos, desenhos e imagens.	Síncrono
	Classpoint	É uma ferramenta vinculada ao PowerPoint que possibilita a criação de questionários interativos para utilização em aulas e palestras, aumentando o engajamento dos participantes e melhorando os resultados do processo de aprendizagem.	Síncrono e Assíncrono
	Extensões Google Chrome	São aplicações construídas através de diversas linguagens de programação que servem para adicionar funcionalidades, modificar sua aparência, adicionar ou remover conteúdos de diversas páginas entre outras funcionalidades ao seu navegador. Um bom exemplo são as extensões para "turbinar" os recursos do Google Meet.	Síncrono e Assíncrono
	Book Creator	Com esta ferramenta é possível criar *e-books*, álbuns de fotos, apresentações animadas, salvá-los em diversos formatos e publicá-los de forma simples na internet. Os alunos podem transformar as redações em livros com animações/interações ou apresentar os trabalhos escolares de forma criativa.	Assíncrono
	Telegram	O Telegram é um serviço de mensagens instantâneas baseado em nuvem. Com ele é possível trocar mensagens e arquivos diversos como: fotos, vídeos, áudios, pdfs e arquivos de demais tipos, além da possibilidade de criação de grupos de até 200 mil pessoas e alocar arquivos na nuvem. Para educação remota, é possível utilizar como um canal direto de comunicação aos estudantes/grupos.	Assíncrono
	Microsoft Sway	Presente no Pacote Office 365 o Microsoft Sway é um aplicativo que possibilita a criação e compartilhamentos de relatórios e apresentações interativos por meio de textos, imagens, vídeos, além da integração com outras plataformas web como o YouTube, por exemplo. Como estratégia de cocriação, os alunos podem criar portfólios para apresentar resultados de pesquisa.	Assíncrono
	Room Escape Maker	Plataforma web para a criação de games no formato *escape room*. Construa salas desafiadoras com quebra-cabeças, objetos ocultos, cofres com combinações entre outros elementos.	Assíncrono
	Replit	É uma plataforma que permite aos usuários codificar, compilar e executar códigos de mais de 30 linguagens de programações diferentes.	Síncrono e Assíncrono
	Pear Deck	Com essa ferramenta é possível sincronizar atividades em diversos dispositivos e criar avisos para momentos de devolutiva e avaliação.	Síncrono

	Flipgrid	É um aplicativo para o compartilhamento de vídeo que potencializa a expressão oral de seus usuários por meio de comunidades ou salas chamadas de grids. É nela onde ocorrerá a interação por atividades e desafios no qual deverá ser respondido pelo participante por vídeo.	Assíncrono
	Wallame	É um aplicativo no qual é possível ocultar mensagens em superfícies reais, usando realidade aumentada. Para isso, os usuários podem tirar uma foto de uma superfície qualquer, como paredes e quadros e escrever, desenhar ou adicionar outras fotos nelas. Assim que finalizadas as *Walls*, outros usuários poderão localizar mensagens criadas, através de geolocalização.	Assíncrono
Atividades, Tarefas e Exercícios	Kahoot	É um ambiente de aprendizado web baseado em jogos por meio de perguntas e respostas em salas onde os jogadores respondem os quizzes e seus resultados são exibidos em tempo real.	Síncrono
	Socrative	Aplicação simples de elaboração de questionários (preparação de testes, quizzes, etc.) que pode ser usada à distância para receber *feedback* em tempo real da aprendizagem do aluno.	Síncrono
	Quizizz	Esta ferramenta permite a criação de "Quizzes" com perguntas de duas ou mais opções sobre assuntos que foram ou estão sendo abordados, a fim de fixar ou relembrar os conceitos, além de permitir a visualização dos acertos e erros e gerar um diagnóstico dos participantes. Fornece exercícios para revisão, permite avaliar, e engajar-se com os alunos no seu próprio ritmo.	Síncrono
	QuizLet	Com essa ferramenta é possível elaborar *flashcards* com perguntas e respostas para auxiliar no processo de fixação de conceitos, verificar *flashcards* de outros usuários, e de forma lúdica, participar de jogos educativos.	Assíncrono
	Plickers	É uma ferramenta web que auxilia no gerenciamento de testes, através do escaneamento de QR Codes atrelados a alternativas. Com isso, é possível ao professor conhecer o nível de conhecimento dos participantes sobre o assunto e traçar estratégias com base naquele cenário.	Síncrono
	Google e Microsoft – Formulários	Permite criar formulários, enquetes, pesquisas e atividades em formato de teste.	Síncrono e Assíncrono
	Kaizena	Recurso que integra os documentos do Google, facilitando que os professores deem *feedback* sobre o trabalho do aluno, é possível criar rubricas, gravar o *feedback* ou anexar recursos reutilizáveis para problemas comuns.	Assíncrono
	Ptable.com	Com esta ferramenta web é possível estudar, conferir e aprender tudo sobre a tabela periódica online. Além da interação com a tabela, o site disponibiliza estratégias de aula e atividades com roteiro de estudo.	Síncrono e Assíncrono
Compartilhamento (Colaboração e co-aprendizagem)	Dropbox	É um serviço de hospedagem de arquivos em nuvem que possui planos gratuitos ou pagos. Nele, será possível armazenar com segurança arquivos de diversos formatos como: vídeos, fotos, documentos, PDF entre outros.	Assíncrono
	Google Drive	O Google Drive ou GDrive é a plataforma de armazenamento em nuvem da Google. Este serviço oferece 15GB de espaço de forma gratuita para todos os usuários que possuem uma conta Google e acesse remotamente seus arquivos armazenados através de computadores ou smartphones com acesso à internet.	Assíncrono
	OneDrive	Assim como Google Drive, o OneDrive, plataforma de armazenamento em nuvem da Microsoft, oferece as mesmas funcionalidades, porém sua taxa de armazenamento é de 7GB. Com ela, também é possível acessar remotamente seus arquivos armazenados através de computadores ou smartphones com acesso à internet.	Assíncrono
	Wetransfer	Diferente do Google Drive e OneDrive, o Wetransfer é uma plataforma de transferência de arquivos que em sua versão gratuita suporta o upload de até 2GB. Após o carregamento do arquivo, ele poderá ser encaminhado via link ou por e-mail. Atente-se, pois, o link de transferência possui um prazo de 7 dias, após isso, o link gerado expira. Uma boa opção para partilhar conteúdo sem comprometer a caixa de e-mail.	Assíncrono

	Cutt.ly	O Cutt.ly é um encurtador de link. Além dessa função, a ferramenta possui um editor para criar links personalizados. Uma forma ágil para compartilhar o link aos estudantes.	Assíncrono
	Biolinky.co e Linktree	O Biolinky.co e o Linktree são ferramentas que permitem a divulgação de links e perfis em um mesmo lugar, através de um link personalizado. Uma boa estratégia para estabelecer uma sequência didática de todos os caminhos que o aluno precisará fazer para realizar uma determinada tarefa.	Assíncrono
	QR Monkey	É uma plataforma gratuita, geradora de *QR Codes*, com alta resolução e opções de design para compartilhamento de conteúdo. Durante o ensino remoto, o uso de *QR Codes* facilita o acesso à informação e aos links disponibilizados, durante a interação remota.	Assíncrono
	Symbaloo	É uma ferramenta que permite a organização e compartilhamento de conteúdo disponíveis na web. Com ela, é possível organizar URLs em grupos e categorias com base nas "categorias" que elas se enquadram, e seu compartilhamento pode ser feito através de uma URL própria ou através de conteúdos incorporados em outras plataformas. Uma forma interessante para organizar a semana de aula e todos os conteúdos que serão utilizados.	Síncrono e Assíncrono
Gestão e Organização Pessoal	Trello	É um aplicativo para o gerenciamento de projetos baseado na metodologia *Kanban*. Nele, é possível criar quadros, cartões e listas para a organização de tarefas e etapas e facilitar a observação e acompanhamento da turma.	Assíncrono
	Google Keep	Este aplicativo permite a criação, compartilhamento e acompanhamento de *post-its* ou cards através de anotações, checklists, fotos e áudios pessoais ou em grupo.	Assíncrono
	Evernote	Este programa pode ser considerado um banco de anotações e pode catalogar as informações de uma maneira bastante simples e visual através de cadernos. Ele é bastante utilizado para armazenar conteúdos da web, como uma ferramenta de clipping, ou seja, armazena textos, artigos e demais conteúdos para uma leitura posterior.	Assíncrono
	Microsoft To Do	Com o *To Do* é possível criar uma lista de tarefas, acompanhar prazos e adicionar lembretes com a data de finalização e personalizar com diversas cores disponíveis na plataforma. Essas listas poderão ser visualizadas em qualquer dispositivo que possua o aplicativo instalado.	Assíncrono

Fonte: Elaborado pelos autores

Mais dicas

- **75 Ferramentas e aplicativos** para apoiar avaliações formativas - https://bityl.co/69ju
- ***Frayer Model*:** estratégia para apoiar os registros do que o aluno aprendeu no encontro remoto - https://ggle.io/3w6m
- ***Framework*** para planejamento de aula síncrona/assíncrona - https://ggle.io/3w6n
- ***Scoop it*** – rede social que reúne conteúdos da web - Exemplo: https://bityl.co/69rc
- ***C4LPT*** – reúne um compilado das melhores ferramentas para o ensino - https://www.toptools4learning.com/
- ***DigCompEdu Check in*** – instrumento que auxilia docentes a refletirem sobre a competência digital - https://bityl.co/69kc

Dada a variedade e o surgimento de uma nova geração de ambientes virtuais, importante notar que não foram contemplados no Quadro 3, ferramentas nativas dessas plataformas, como: *Fórum, criação de grupos, tipos de exercícios, modelos de avaliação, ensino baseado por competências, trilhas de aprendizagem* entre outros. Mesmo assim, considera-se oportuna a exploração dessas plataformas para viabilizar as estratégias de ensino remoto, considerando três grandes dimensões para a personalização da aprendizagem: *1) mediação; 2) Interação e cocriação e 3) Avaliação e Competências.*

Em se tratando da interação remota síncrona, faz-se necessário se atentar para o planejamento e tempo da dinâmica da aula, como algumas etapas essenciais: a) acolhimento, integração da turma, definição dos objetivos da aula, temas discutidos e papéis desempenhados, recursos necessários e fechamento. A combinação dessas ferramentas à dinâmica da aula gera o que chamamos de experiência de aprendizagem significativa, por possibilitar um protagonismo ao estudante e reunir algumas competências para o que se pretende avaliar sob caráter formativo. Com a ampliação dos espaços de aprendizagem no virtual, no momento assíncrono, com a devida sequência didática, o aluno possui inúmeras possibilidades para se aprofundar nos temas norteadores, seja pela discussão entre os grupos, pelos projetos ou ainda pela realização de pesquisas e atividades de cocriação.

O digital, hoje identificado e compreendido pelas redes, no seu movimento de atualização constante, colaboração contínua, partilha e divulgação, características essas diretamente relacionadas à aprendizagem dos indivíduos é um campo muito grande de estudos para se apropriar das linguagens e estratégias da comunicação assíncrona e síncrona, bem como, impulsionar o desenvolvimento das competências nos estudantes em diferentes espaços e situações de aprendizagem.

Os resultados das reflexões e investigações aqui disponibilizados, destacam características e elementos que facilitam entender como é possível construir uma prática pedagógica de ensino e aprendizagem com e no digital. Incentivamos ao leitor a aprofundar este estudo aplicando diretamente na sua prática como docente, formador, mediador, entre outros. Todo o trabalho que passe por formações que incluam o *online* deve ter essa consciência dos formatos de comunicação e a intencionalidade pedagógica dos mesmos, que podem e devem ser planejados.

Considerações Finais

A principal dificuldade para transformar os contextos de ensino com a incorporação das tecnologias diversificadas de informação e comunicação parece encontrar-se no fato de que a comunicação não é entendida como recurso didático e em especial como elemento decisivo no planejamento e estratégia de ensino e aprendizagem. É necessário incorporar a ideia da comunicação como elemento didático e em especial ser pensada para tal, contribuindo assim para um trabalho de qualidade na aprendizagem do estudante. O ensino remoto trouxe essa nova reflexão dos contextos online, utilizando as características da comunicação como instrumento docente para o ensino.

A reflexão que envolveu uma concretização na comunicação com intencionalidade pedagógica destacou informações de como essa intencionalidade deve ser sistematizada na prática. Os elementos que constituem a comunicação síncrona e assíncrona para o ensino foram expostos de forma reflexiva e empírica a partir de inovações e reflexões da experiência e a adaptação das teorias em contatos em rede, disruptivos e emergenciais.

Como a comunicação entre o professor e alunos ocorre nos moldes da educação remota? Essa questão poderá ser um caminho para o aprofundamento das análises aqui realizadas, mas, em destaque, o que pudemos evidenciar com as reflexões e estudos aqui estruturados é que as ferramentas digitais são o meio de comunicação e não somente isso, pois elas muitas vezes fazem a comunicação, por si próprias, por meio de seus serviços e funcionalidades. No entanto, isso não é o desejável, uma vez que o docente assuma esse processo com intencionalidade pedagógica, utilizando a comunicação ao seu favor.

Sobre a indicação, quais ferramentas podem ser usadas para viabilizar a interação nessa modalidade de ensino? Pudemos constatar que todas as ferramentas que atendam às necessidades de espaço, tempo, viabilização de conteúdo e comunicação, são ferramentas que podem ser utilizadas com um propósito pedagógico e com um fim. Ferramentas mediadoras de um processo não só comunicativo, mas de aprendizagem e construção de conhecimentos pelos estudantes. Assim, faz-se necessária a atenção docente aos formatos de comunicação em todo e qualquer planejamento de ensino que inclua elementos dos cenários online. Um planejamento que considere e valorize momentos síncronos e assíncronos nas estratégias e organização de recursos e materiais.

A comunicação síncrona e assíncrona passa a estar responsável por intencionalidades não só pedagógicas para o processo de ensino e aprendizagem, mas emocionais e orientadoras, para potencializar no estudante suas competências e facilitar qualquer processo de adaptação necessário aos novos cenários educativos.

E por último e não menos importante, destaca-se o desafio de impulsionar ações inovadoras e emancipatórias para que a educação se fortaleça e receba investimentos necessários para uma maior equidade nas redes de ensino, garantindo condições dignas àqueles que ainda enfrentam barreiras sociais e permanecem desconectados de tudo que acontece. A interação remota conduzida pelos professores, no contexto atual, revela-se como iniciativa criativa de integração das tecnologias digitais, evidenciando o potencial que a comunidade docente demonstrou ter, por outro lado, não conseguimos oportunizar um ensino remoto de qualidade a todos os cenários, por se tratar de um obstáculo social e não de competência digital e/ou tecnológica.

Referências

BARROS, D. M. V. Ensinar no síncrono e no assíncrono. In: ___ **Curadoria de conteúdo e design de aprendizagem ativa**: trilhas de aprendizagem para salas de aula inovadoras. São Paulo: Editora Grupo A, 2021.

BARROS, D. M. V. **Cenários para a Educação Online**: tendências e perspectivas pós covid19 In: Programa de Pós-Graduação em Educação Escolar, Unesp de Araraquara, Brasil, 2020a.

BARROS, D. M. V. Estilos de uso do virtual em ambientes online: cenários de investigação na educação superior In: **V Ciclo de Conferências 2020**, Universidade Passo Fundo, Pós-Graduação em Educação, 12 de agosto de 2020b.

BARROS, D. M. V. Didática e estilos de uso do virtual para a Educação a Distância. **Revista Diálogo Educacional**, 20(64), 2020c. doi:http://dx.doi.

org/10.7213/1981-416X.20.064.DS06

LAWLESS, C. **Synchronous vs Asynchronous Learning:** Which is Right for Your Learners?, 2020. Disponível em: https://bityl.co/6AO8

BIGGS, J.; TANG, C. **Teaching for quality learning at the university**, v. 4, 2011.

HRASTINSKI, S. A study of asynchronous and synchronous e-learning methods discovered that each supports different purposes. **EDUCAUSE Quarterly**, vol. 31, nº 4, 2008. Disponível em: https://er.educause.edu/-/media/files/article-downloads/eqm0848.pdf. Acesso em: 19 mar. 2021.

LANA, R. M. et al. Emergência do novo coronavírus (SARS-CoV-2) e o papel de uma vigilância nacional em saúde oportuna e efetiva. **Cad. Saúde Pública** 2020; 36(3):e00019620. Disponível em: https://www.scielo.br/pdf/csp/v36n3/1678-4464-csp-36-03-e00019620.pdf. Acesso em: 17 mar. 2021.

OTA, M. A.; DIAS-TRINDADE, S. Ambientes Digitais de Aprendizagem e Competências Digitais: conhecer o presente para agir num futuro pós-covid. **Interfaces Científicas-Educação**, v. 10, n. 1, p. 211-226, 2020.

PIMENTEL, M.; CARVALHO, F. S. P. Princípios da Educação Online: para sua aula não ficar massiva nem maçante! **SBC Horizontes**, maio 2020. ISSN 2175-9235. Disponível em: http://horizontes.sbc.org.br/index.php/2020/05/23/principios-educacao-online. Acesso em: 20 mar. 2021.

Capítulo 7

Mobile Learning no Ensino de Matemática, com Aplicativo Geogebra

Prof. Ms. Elisson Spoladori Scarton
Mestrado em Ensino de Ciências e Matemática
Universidade Cruzeiro do Sul, São Paulo/SP
elissonscarton13@gmail.com

Prof. Dr. Juliano Schimiguel
Universidade Cruzeiro do Sul (São Paulo/SP)
Centro Universitário Anchieta (Jundiaí/SP)
schimiguel@gmail.com

OBS.: Artigo Publicado na Revista Ubiquidade, V.3, N.2 (2020).

Resumo

A tecnologia da informação passou a fazer parte da vida diária da sociedade, e tende a delinear imensamente o futuro de todos. Desta forma, é essencial que se perceba a necessidade de um direcionamento do uso das TICs em diversas áreas, inclusive na Educação. Portanto, destaca-se que a evolução dos dispositivos móveis traz um conjunto de recursos que podem ser utilizados para adquirir conhecimento e produzir aprendizado. Assim, o conceito de *Mobile Learning* está relacionado ao uso de dispositivos móveis, como *smartphones*, laptops, *tablets*, entre outros, que contribuem para o processo de ensino e aprendizagem. Portanto, parte-se do seguinte problema: como a utilização do aplicativo Geogebra, aliado à Teoria da Atividade de Leontiev, pode-se melhorar a aprendizagem do conteúdo de Equações do 1º Grau numa turma de 7º de Educação Básica? Para a metodologia foi desenvolvida uma sequência didática em duas etapas: No primeiro momento foi realizada uma aula de forma tradicional, com o conteúdo de equação do 1º grau, onde foi proposta uma lista de exercícios que os alunos foram desenvolvendo, em uma folha avulsa, para serem analisadas e feitas as coletas de dados e o segundo momento, uma listagem parecida foi dada, porém sua resolução foi feita no aplicativo Geogebra. Os exercícios dos dois momentos foram analisados, observando se os mesmos atingiram o objetivo, que é o aprendizado conforme Leotiev aponta. Constatou-se após a pesquisa que as atividades realizadas no segundo momento foram resolvidas por um número maior de alunos em comparação com o primeiro momento, o que demonstrou que o uso das tecnologias auxilia no aprendizado, de acordo com que a Teoria da Atividade prega.

Palavras-chave: Matemática, Teoria da Atividade, Mobile Learning, Tecnologias da Informação e Comunicação

Abstract

Information technology has become part of the daily life of society, and tends to outline immensely the future of everyone. Thus, it is essential to perceive the need to direct the use of ICTs in several areas, including Education. Therefore, it is important to highlight that the evolution of mobile devices brings a set of resources that can be used to acquire knowledge and produce learning. Thus, the concept of Mobile Learning is related to the use of mobile devices, such as smartphones, laptops, tablets, among others, which contribute to the process of teaching and learning. Therefore, the following problem arises: how can the use of the Geogebra application, together with Leontiev's Theory of Activity, improve the learning of the content of 1st Grade Equations in a 7th Grade class of Basic Education? For the methodology a didactic sequence was developed in two stages: in the first moment a class in a traditional way was carried out, with the content of the 1st grade equation, where a list of exercises was proposed that the students were developing in a separate sheet to be analyzed and data collections were made, and the second moment a similar list was given, but its resolution was made in the Geogebra application. The exercises of both moments were analyzed, observing if they reached the objective, which is learning as Leotiev points out. It was verified after the research that the activities carried out in the second moment were solved by a larger number of students compared to the first moment, which demonstrated that the use of technologies helps learning, according to the Activity Theory preaches.

Keywords: Mathematics, Activity Theory, Mobile Learning, Information and Communication Technologies.

1 – Introdução

A tecnologia da informação passou a fazer parte da vida diária da sociedade, e tende a delinear imensamente o futuro de todos, conforme Brasil, Santos e Ferenhof (2018) destacam. Desta forma, é essencial que se perceba a necessidade de um direcionamento do uso das TICs em diversas áreas, inclusive na Educação. Portanto, destaca-se que a evolução dos dispositivos móveis traz um conjunto de recursos que podem ser utilizados para adquirir conhecimento e produzir aprendizado. Assim, o conceito de *Mobile Learning* está relacionado ao uso de dispositivos móveis, como *smartphones*, laptops, *tablets*, entre outros, que contribuem para o processo de ensino e aprendizagem que tem sido empregado principalmente com o uso de celulares, com ênfase para a proximidade, por ser um dispositivo amigável e universal.

Silva, Oliveira e Bolfe (2013) enfatizam que os métodos de ensino-aprendizagem, atualmente, passam por uma grande revolução devido às necessidades de locomoção e tempo que muitos alunos enfrentam. Esse tipo de impasse não é enfrentado apenas por estudantes, todavia é vivenciado por profissionais que necessitam de capacitação. Torna-se, então, necessário criar mecanismos que dêem respaldo aos professores a continuarem a aprender.

Portanto, desta forma, parte-se do seguinte problema: como a utilização do aplicativo Geogebra, aliado à Teoria da Atividade de Leontiev, pode-se melhorar a aprendizagem do conteúdo de Equações do 1º Grau numa turma de 7º ano de Educação Básica? Acredita-se que a partir de leituras sobre as ferramentas tecnológicas que podem auxiliar no ensino aprendizagem, pois se depara com as salas de aulas com alunos nativos digitais, que não estão mais habituados com esse ensino tradicional de um docente imigrante digital.

Para a metodologia foi desenvolvida uma sequência didática em duas etapas: No primeiro momento foi realizada uma aula de forma tradicional, com o conteúdo de equação do 1º grau, onde foi proposta uma lista de exercícios que os alunos foram desenvolvendo em uma folha avulsa para serem analisadas e feitas as coletas de dados. No segundo momento, foi realizada a aula com as TICs, quando ocorreu um momento de explicação de manuseio do aplicativo, pois os alunos nunca tiveram contato com o aplicativo. Desta forma, ocorreu a explicação e foi proposta outra lista de exercícios, para que assim os alunos resolvessem a mesma por meio dos comandos adquiridos, utilizando o aplicativo.

Assim, foram recolhidas as resoluções dos exercícios dos dois momentos, para serem realizadas as análises, baseando-se nos dois momentos, observando se os mesmos atingiram o objetivo, que é o aprendizado conforme Leotiev aponta.

2 – Teoria da Atividade e o Ensino de Matemática

Grymuza; Rêgo (2014) afirmam que a Teoria da Atividade surgiu a partir dos estudos feitos na década de 1930 por *Lev Semenovich Vygotsky*, no Instituto Estatal de Medicina de Moscou, na antiga União Soviética. *Leontiev*, colega e seguidor de *Vygotsky*, realizaram seus primeiros estudos, tendo como referência a Teoria Histórico-Social, na qual situou o conceito de Atividade, responsável pelo desenvolvimento das funções psíquicas da criança. Leontiev defende, assim como *Vygotsky*, que a natureza sócio-histórica do psiquismo humano e, para basear suas ideias, a teoria do desenvolvimento social, de *Karl Max*, é imprescindível, uma vez que a teoria de *Vygotsky* está pautada nela.

Galleguillos (2016) enfatiza que a Teoria histórico-cultural da Atividade, conhecida também como Teoria da Atividade, se constituiu a partir dos estudos de *Vygotsky*, Leontiev e Engeström, entre outros autores. Inicialmente, *Vygotsky* estudou o desenvolvimento do pensamento humano, tema este que trouxe influências para a educação pela estreita relação desta temática com a aprendizagem humana. O trabalho de *Vygotsky* contribuiu para desenvolver a noção de mediação, noção esta que estabelece que as relações entre o sujeito e o objeto são mediadas pelos artefatos. Portanto, conforme *Vygotsky* destacou, a aprendizagem se estabelece por meio de um processo dialético, em que o sujeito é transformado pelo mundo e, por sua vez, o mundo é transformado pelo sujeito. Martins et al (2018) destaca que os fundamentos filosóficos da Teoria da Atividade se baseiam em teóricos soviéticos e incluem ideias de Hegel e Kant, bem como a teoria do materialismo dialético desenvolvido por *Marx* e *Engels*. Tal teoria surgiu a partir de um grupo de psicólogos revolucionários russos nos anos 20 e 30 do século passado, e se destacam os trabalhos de *Vygotsky*, *Leontiev* e *Luria*. Porém, veio acrescentar o conceito de atividade coletiva.

Nobre (2018), ao analisar o desenvolvimento da Teoria da Atividade, considera os estudos de Leontiev como uma continuidade dos estudos de Vygotsky e Galperin, sendo que Leontiev fundou uma nova etapa da Psicologia. Leontiev enfatiza que a estrutura psíquica interna se concretiza em uma atividade externa e passa a ser um princípio metodológico que dá base à psicologia histórico cultural da unidade da Atividade. Para Leontiev (1978), a Atividade surge a partir da necessidade, de um objetivo.

Galleguillos (2016) afirma que ao continuar o trabalho de *Vygotsky*, Leontiev estendeu a noção de mediação integrando as relações interpessoais com a sua comunidade. O exemplo da caça coletiva do homem primitivo, utilizada como uma exemplificação clara de sua teoria enfatiza as potencialidades da organização em sociedade em uma atividade coletiva, apresentando a divisão de trabalho dos indivíduos envolvidos na caça, que têm necessidades individuais, porém, cada um desenvolvendo um trabalho particular.

> O estímulo particular do indivíduo (motivo) para participar da caça é o de satisfazer as suas necessidades individuais, como, por exemplo, comida e roupa. A ação individual de um sujeito nesse processo da caça poderia ser, por exemplo, afugentar um bando de animais e enviá-los a outros caçadores que têm organizada uma emboscada; uma vez feito, o trabalho do indivíduo finaliza aí, e outros caçadores continuam com o resto do processo. (GALLEGUILLOS, 2016, p. 48-49)

Leontiev (1978) destaca que é necessária a distinção da atividade humana da ação animal, uma vez que a atividade humana é o que difere os seres humanos dos animais, já que o ser humano tem a consciência de que a atividade desenvolvida por ele perpassa por relações de cognição mental, ou seja, mesmo que ele apenas execute uma Ação estará mais próximo do objetivo final, ou seja, da Atividade que foi estabelecida.

Moura (2016) enfatiza que a Teoria da Atividade em pesquisas possui um enfoque social, que envolve as interações sociais, sendo que esta interação é uma das características que definem a Atividade Humana. Moura (2016) ainda destaca que tal teoria vai ao encontro dos Parâmetros Curriculares Nacionais do Ensino Médio – PCNEM - em que evidenciam a visão social dos componentes curriculares por meio de alguns pontos que são observados para a orientação de como a disciplina de Matemática, por exemplo, deve ser vista pela sociedade e de como a mesma é importante para o desenvolvimento do indivíduo. Sendo assim, Leontiev (1978) afirma que todo problema apresenta a necessidade de uma resolução e que só se alcança tal resultado por via de condições que permitam sua resolução, ou seja, por meio da cognição, da realização da Atividade.

As ações que constituem atividade são energizadas por seu motivo, de acordo com Galleguillos (2016) e Asbahr (2005), mas são direcionados para um objeto. Os autores supracitados tomam por base, por exemplo, o caso da atividade de um ser humano que é motivado por comida. Sendo assim, a comida é o motivo. Todavia, a fim de satisfazer a necessidade por comida, ele deve realizar ações que não são necessariamente direcionadas para a obtenção de alimentos em si, uma vez que sua meta pode ser fazer uma ferramenta para a caça. Em ambos os casos, o que energizou sua atividade e aquilo para o qual foi dirigido não coincidem, mas partiram da mesma energização.

No exemplo de Leontiev, numa caçada primitiva coletiva, o ato da caça é a atividade, a caça o seu objeto e a fome da presa o seu motivo. Na atividade da caçada, Asbahr (2005) evidencia que existem indivíduos que se encarregam de matar a caça e outros de vigiá-la e capturá-la. Quando se fala nos batedores, quando estes fazem algum barulho, este ato é uma ação, que dentro da atividade consiste em assustar a caça e direcioná-la para o outro grupo de caçadores. Esta ação tem objetivo de assustar a caça, o que contraria o objeto principal da atividade, que é apanhar os animais. Todavia, a ação destes indivíduos faz parte da atividade como um todo, na consciência de que ao espantarem os animais e os direcionarem para os outros caçadores, concretizarão a caçada. Tal exemplo permite que se estabeleçam importantes relações entre diferentes conceitos, nomeadamente atividade (ligada a um motivo), ação (ligada a um objetivo) e operação (ligada a condições), o que caracteriza uma hierarquia para a atividade humana: atividade – ação – operação.

Uma operação é simbolizada por Leontiev (1978) mediante o exemplo de um homem que dirige um carro e efetua a troca das marchas de forma automática, depois de assimilado o processo de condução. As operações então são os componentes básicos que possibilitam realizar as ações e se relacionam com as condições de realizá-las.

2.1 – Teoria da Atividade e Matemática

Partindo-se dos ensinamentos de Leontiev, a partir da Teoria da Atividade, em que afirma que a mesma defende o desenvolvimento do homem se dá pela necessidade de uma relação com o meio em que está inserido e com a satisfação de alguma necessidade. Assim, tal teoria no âmbito escolar, a atividade está vinculada à concepção de necessidade de se ter uma razão para aprender e é esta razão que impulsiona a ação do aluno.

Asbahr (2005) afirma que a relação entre a significação social, o sentido pessoal e o conteúdo sensível, emocional, é a principal estrutura interna da consciência. Deste modo, o sentido pessoal e motivo estão intimamente relacionados, e para que se possa encontrar o sentido se deve descobrir o motivo correspondente. O sentido pessoal indica, assim, a relação do sujeito com os fenômenos objetivos que perpassam pela consciência.

Para Leontiev (1978), tanto as atividades externas quanto as internas representam as mesmas estruturas gerais. A atividade interna é constituída com base na atividade prática sensorial externa, sendo assim, a forma primária fundamental da atividade é a forma externa, sensória-prática, não apenas individual, porém, fundamentalmente social. A transformação da atividade externa em interna se dá por meio da internalização de seus significados. Desta forma, quando se trabalha a Matemática, dilema de que na maioria das vezes, é a falta de compreensão do propósito de determinado conteúdo, ou seja, não basta simplesmente trabalhar com tal conteúdo matemático durante a aula para garantir sua compreensão, percebe-se a necessidade de propor atividades específicas, que proporcionem que conteúdos sejam internalizados.

Nos últimos tempos, percebe-se que a educação tem absorvido as inovações, uma vez que se observa que professores vêm se qualificando e tornando as aulas de Matemática atrativas e dinâmicas, passando assim uma diferenciação da maneira de ensinar por parte do professor. Todavia, Asbahr (2005) afirma que não há muitos pesquisadores brasileiros que focalizam a Teoria da Atividade como referencial para pesquisas em educação, uma vez que tal teoria constitui uma abordagem teórico-metodológica multidisciplinar em potencial para a pesquisa educacional, mas não é muito valorizada na contemporaneidade. A partir da transmissão do saber produzido por cada aluno de forma autônoma, o professor será capaz de guiar as suas aulas deixando o aluno criar e analisar o desenvolvimento da sua mente, para poder assim estar formando uma consciência, não deixando o aluno não ser crítico ou questionador – ou seja, desenvolvendo seu protagonismo cognitivo - fazendo assim, também, com que ele construa conhecimento.

Melo (2018), em sua tese de doutorado apresentando pesquisas sobre a Teoria da Atividade na formação de professores de Matemática, considerou os princípios básicos desta teoria ao perceber que os mesmos auxiliavam na compreensão de fenômenos de natureza educacional referentes ao ensino e à aprendizagem da Matemática, dentro dos princípios de humanização do homem.

Para Leontiev (apud MELO, 2018), a Atividade é uma forma complexa existente que permite os homens se familiarizarem e interagirem com o mundo. Portanto, é a partir deste processo que o homem vai se apropriando dos conhecimentos socioculturais por meio de sua percepção. Melo (2018) exemplifica a teoria de Leontiev , possibilitando a prática e promovendo a facilidade de lecionar Matemática. Nesta situação, é necessário que se aproprie dos conhecimentos matemáticos em seu contexto lógico e histórico, da maneira como ele foi sendo constituído ao longo do tempo pela humanidade e também do aprendizado de técnicas de ensino e didática para que os conhecimentos matemáticos sejam repassados aos alunos. Desta maneira, percebe-se a necessidade de formação e compreensão dos conceitos matemáticos. Para Leontiev (apud MELO, 2018), o indivíduo se forma cognitivamente por meio da Atividade, mecanismo este que se caracteriza por ser um processo psicológico. Portanto, a atividade do professor é o ensino, o que motiva esse sujeito é poder ensinar os conteúdos ao aluno da melhor forma possível para assim possibilitar a atividade do aluno, que no caso é a aprendizagem. Portanto, a atividade se constitui em uma ação mobilizada, guiada por um motivo e gerando a necessidade que é o ponto de partida para fazer surgir a Atividade no sujeito, no caso, o discente. Assim, Melo (2018) enfatiza que o professor para lecionar, vai movimentar ações para atingir o aluno por meio de operações para concretizar a Atividade de ensino. Sendo assim, na concepção de Leontiev, não existe Atividade sem que exista um motivo que a determine.

Então, a perspectiva de Leontiev (2016), salienta que: Não chamamos todos os processos de atividade. Por esse termo designamos apenas aqueles processos que, realizando as relações do homem com o mundo, satisfazem uma necessidade especial correspondente a ele. Nós chamamos de atividade um processo, por exemplo, a recordação, porque ela, em si mesma, não realiza, via de regra, nenhuma relação independente com o mundo e não satisfaz qualquer necessidade especial (MELO 2018, p.45).

Dentro dessa perspectiva do referencial Teórico Histórico-Cultural, Melo (2018) salienta que a Matemática é uma construção social da humanidade, e desta forma é considerada a primeira Ciência formal, e vem sendo desenvolvida e aperfeiçoada ao longo dos séculos. O autor ressalta que o conceito de Atividade cumpre um papel importante dentro das discussões sobre a evolução desta Ciência, ainda mais quando se trata de práticas pedagógicas que contribuam de forma efetiva para o seu ensino e aprendizagem. Portanto, tem-se nesta pesquisa o objetivo principal pesquisar o processo de aquisição dos conhecimentos do aluno, por meio da Atividade de ensino, se baseando na utilização de recursos tecnológicos para auxiliarem neste processo.

Melo (2018) considerou a situação em que um estudante está se preparando para fazer uma avaliação de Matemática, estudando o conteúdo de equações do 2º grau. Com base na Teoria da Atividade, o autor levanta o seguinte questionamento: será que se pode dizer que o estudante se encontra em atividade de acordo com os pressupostos de tal Teoria? Melo (2018), então, supôs que o estudante recebesse uma mensagem via *Whatsapp* do grupo dos seus colegas de escola informando que o referido conteúdo foi retirado do roteiro de estudo pelo professor, e não vai mais ser necessário para a avaliação.

Com essa informação poderá hipoteticamente acontecer as seguintes situações: o aluno continuará a estudar o assunto porque achou interessante e quer aprender mais; irá estudar outro conteúdo, porém descontente por ter de deixar o estudo de equação do 2º grau de lado ou ele para de estudar e ficará aliviado por não ter mais que estudar o assunto. Percebe-se que o motivo do estudo em si, que seria aprender o assunto com propriedade, não coincide com o que impulsionava o aluno ao estudo, que era apenas tirar uma nota e passar na disciplina, nessa situação era apenas uma ação; conseguir uma nota na prova e passar seria a atividade, isso seria o que movia o interesse do aluno (motivo/necessidade). (MELO, 2018, p. 47)

Nas situações propostas por Melo (2018) a continuação do estudo ou deixar de estudar desapontado, mostra que tal situação pode ser percebida como um caso de atividade na perspectiva de Leontiev, uma vez que o conteúdo "Equação do 2º grau" era o que estimulava (motivo) o sujeito. Portanto, o indivíduo se encontra em atividade quando o objetivo concordar com o motivo, portanto, quando o aluno continuar a estudar equação do 2º grau para aprender o conteúdo de forma significativa (motivo). Melo (2018) então, salienta que o aluno se encontra em atividade, uma vez que existe a coincidência e a intencionalidade e o motivo do aluno coincidir com o objetivo, que na situação acima é aprender o conteúdo de maneira satisfatória, perfazendo um motivo. Melo (2018) então passa a perceber que a ação está relacionada ao objetivo, que consequentemente é provocada por uma necessidade da atividade. Assim, a ação se potencializa em um motivo eficiente e se torna uma atividade. Assim como o conceito de motivo tem relação com o de atividade, e o de objetivo por sua vez está conectado ao de ação.

Melo (2018) ao trazer a situação da aquisição do conhecimento proposto por Leontiev para a área do ensino, deduz que a ação é compreendida como o planejamento de maneira consciente pelo executor, que no caso é o professor, ou seja, se traduz na ação de ensinar as equações do 2º grau. As operações são as maneiras utilizadas para realização da aprendizagem, que pode ocorrer através de uma listagem de exercícios, situações-problemas, jogos, computador, etc. As operações se relacionam ao sentido prático, ou seja, a maneira para realização das ações. A ação que o indivíduo executa a uma determinada tarefa corresponde ao objetivo posto por meio de determinadas condições. Assim é percebido que a ação apresenta uma qualidade própria, sendo que existe uma situação geradora particular que são normalmente o formato e a metodologia pelas quais a ação se realiza.

2.2 – Equação do 1º Grau e Geogebra

De acordo com Reis e Nehring (2015), o ambiente escolar, enquanto espaço de aprendizagem, deve viabilizar contextos e objetos que permitam tal desenvolvimento. Para isso, mais do que ser aquele que ensina conhecimentos reconhecidos historicamente, é preciso que o educador compreenda como o indivíduo aprende. Desse modo, é necessário estar atento às aulas em sala de aula para observar como ocorre o aprendizado dos alunos. O uso de recursos tecnológicos em sala de aula não é obrigatório, mas desta maneira o professor poderá aproximar a tecnologia e estar colocando em seu meio algo que é usual aos alunos e resultando num maior interesse pelas aulas.

Observa-se que os alunos estão cada vez mais habituados ao uso da tecnologia, e assim, Reis e Nehring (2015) destacam que já que eles estão nascendo com a tecnologia ao seu redor e ao seu meio, ou seja, o aluno absorve tudo aquilo que ele aprende, sendo capaz de adquirir conhecimentos e capaz de estar colocando em sua trajetória novos conhecimentos. Há professores que ainda não estão habituadas ao mundo digital, e assim se deparam com o contexto desafiador de se atualizar sobre as tecnologias para assim poder ser capaz de tornar o ensino do aluno significativo, ou seja, fazer com que os alunos possam assimilar o conteúdo de acordo com o seu dia a dia, para fazer com que o aprendizado ocorra significativamente, utilizando ferramentas tecnológicas para tal ato. Desta forma, numa era em que há um grande número de alunos desmotivados e que muitos discentes reclamam das grandes listas de exercícios repetitivos, os professores, se veem frentes ao desafio de atrair a atenção do aluno. Em contrapartida, percebe-se que estes alunos têm interesse pelo mundo digital. Portanto, é viável que estes professores estejam inseridos neste mundo para assim estarem preparados para trabalhar com esses Nativos Digitais.

Guzzi (2006) afirma que a era digital transformou os setores da vida individual e da sociedade ao ponto que ampliou, principalmente, por meio das redes virtuais, o acesso à informação e diminui as barreiras da comunicação, o que possibilitou a globalização. Por outro lado, diante dessas conexões, muitos conceitos rapidamente se tornam desatualizados.

Em outros pontos, percebe-se que a sociedade tem se transformado muito com o avanço da tecnologia e isto se reflete no modelo educacional, pois é possível analisar nos alunos que estes não estão avançando nos conteúdos, mas que estão tendo a curiosidade de estarem realizando pesquisas sobre diversos outros temas. Isso mostra que o ensino utilizando as tecnologias pode ser mais tranquilo e mais prazeroso para o aprendizado dos mesmos.

Araújo e Santos (2010) ao abordarem "sobre a inserção das tecnologias na prática docente" frisam que a aprendizagem deve ser repensada para que ao obter possíveis decepções ou resultados negativos, não sejam simplesmente atribuídos à tecnologia, que se devem analisar momentos oportunos e previstos para uso de tecnologias no processo de ensino e aprendizagem. Assim o professor terá que planejar as suas aulas de modo que a tecnologia possa ser inserida com o conteúdo ministrado, de forma a não tornar a aula sem produtividade e interessante para os alunos.

De acordo com Brandão (2011) a dificuldade que o professor encontra ao utilizar as tecnologias, pode ser justificada pelo fato deles serem Imigrantes Digitais, uma vez que grande parte não reconheceu ou reconhece a importância das novas tecnologias como instrumentos extremamente úteis para o processo de ensino aprendizagem, pois nasceram num tempo em que computadores, *tablets* e celulares não existiam e principalmente, por não terem sido formadas em suas graduações desta forma: dinâmica, simultânea, online. Ou seja, eles terão que ter a capacidade de se adaptarem às novas exigências, pois em sala de aula, eles estão se deparando com alunos Nativos Digitais, que têm bastante facilidade em utilizar as TICs.

Em outros sentindo, para que as tecnologias possam ser utilizadas a favor de uma aprendizagem mais eficaz, elas devem ser utilizadas pela escola no sentindo de aproveitar a pré-disposição que os nativos digitais possuem para criar e proporcionar-lhes momentos de criação de conteúdos como "ferramentas" online de edição e publicação de vídeos, mensagens, e na criação de instrumentos capazes de estarem fundamentando a aula como jogos digitais, por exemplo.

Segundo Santos e Amaral (2012), todo material digital que fornece informações para a construção de conhecimento pode ser considerado um objeto de aprendizagem, seja essa informação em forma de imagem, uma página HTML, uma animação ou simulação. A possibilidade de testar diferentes caminhos, de acompanhar a evolução temporal das relações de causa e efeito, de visualizar conceitos de diferentes pontos de vista, de comprovar hipóteses, faz dos Objetos de Aprendizagem instrumentos poderosos para despertar novas ideias para relacionar conceitos, para despertar a curiosidade e resolver problemas. Porém, como salientam Santos e Amaral (2012), ainda a questão como pontos negativos que impedem aos alunos, um raciocínio mais eficaz, ou seja, que no mundo digital já tem tudo muito fácil de forma simples tudo feito, já calculado, o aluno não terá a dificuldade de estar fazendo os raciocínios das questões propostas pelo professor nos exercícios.

Assim, pode-se perceber que com o avanço das tecnologias, de acordo com Santos e Amaral (2012), houve a possibilidade de os professores se aperfeiçoarem e poderem fazer a criação de novas ferramentas e recursos educacionais, tornando o processo de ensino e aprendizagem do aluno mais dinâmico e eficaz, ou seja, as ferramentas educacionais devem ser vistas sob uma proporção, possibilitando uma nova capacidade de interação digital com os conteúdos, isto é, os alunos terem o manuseio dos conteúdos ministrados em sala de aula. Professores estão sendo capazes de promover um ensino eficaz, com novas metodologias em suas aulas. Isto se deve ao fato de as ferramentas tecnológicas na forma de recursos didáticos em sala de aula serem estimulantes e, portanto, as novas tecnologias interagirem na forma de ensinar e de aprender para professores e alunos, integrando competências nas atividades educacionais.

A democratização do saber por meio da informação propõe uma nova busca de produzir, socializar e facilitar uma nova ação dos alunos a respeito das tecnologias, ou seja, facilita o acesso ao conhecimento como forma dinâmica, assim vai fazer com que o aluno possa ter capacidade de colocar o conhecimento em prática (SANTOS; AMARAL, 2012).

Assim, não se pode afirmar que as tecnologias são prejudiciais. Elas têm a capacidade de proporcionar grandes avanços para apresentar propostas inovadoras em pouco espaço de tempo, assim ser capaz de discutir que o uso das tecnologias em sala de aula, como forma inovadora em um espaço de tempo, assim faz uma proposta de discutir que o uso das tecnologias influencia na aprendizagem dos alunos.

Assim retorna-se a questão dos conhecimentos que os alunos trazem consigo ao ambiente escolar, muitas vezes eles estão vindo com o conhecimento já construído, pois esses alunos cada vez estão tendo acesso a meios tecnológicos em suas casas (SANTOS; AMARAL, 2012).

3 – Metodologia

Foi realizado a sequência didática em duas etapas: No primeiro momento foi realizada uma aula de forma tradicional, com o conteúdo de equação do 1º grau, onde foi proposta uma lista de exercícios que os alunos foram desenvolvendo em uma folha avulsa para serem analisadas e feitas as coletas de dados.

No segundo momento, foi realizada a aula com as TICs, quando ocorreu um momento de explicação de manuseio do aplicativo, pois os alunos nunca tiveram contato com o aplicativo. Desta forma, ocorreu a explicação e foi proposta outra lista de exercícios, para que assim os alunos resolvessem a mesma por meio dos comandos adquiridos, utilizando o aplicativo.

Vale ressaltar que para a análise das questões foi levada em consideração a segunda geração da Teoria da Atividade, na qual Leontiev, ao contrário de *Vygotsky*, destaca que as funções de princípio explicativo dos processos psicológicos superiores e de objeto de investigação são necessárias de serem observadas, ou seja, a atividade humana é objeto da psicologia, todavia não como uma parte que se acrescenta a constituição da subjetividade; porém, é a unidade central da vida do sujeito concreto. Assim, este momento da psicologia de Leontiev permite considerar o sujeito inserido na realidade objetal e como essa se transforma em realidade subjetiva, ou seja, a atividade perpassa a consciência do sujeito, se tornando um reflexo psíquico da realidade. Asbahr (2005) destaca que tal natureza, destacada como objetal da atividade não se abrevia aos processos cognoscitivos, mas estende-se à esfera das necessidades, à esfera das emoções. Assim, a necessidade é o que dirige e regula a atividade concreta do sujeito em um meio objetal. Uma necessidade, primeiramente, não é capaz de provocar nenhuma atividade de modo definido. Somente quando um objeto corresponde à necessidade, esta pode orientar e regular a atividade. Ou seja, levando em consideração os exercícios propostos, estes deverão ser objetos que correspondam à necessidade de realização, para assim regular a atividade em si, tornando-se reflexo da realidade na qual o indivíduo se insere.

As listas de exercícios aplicadas em ambos os momentos, na aula tradicional e com o uso da tecnologia, foram compostas por equações e leituras com interpretação de problemas, para que os alunos tivessem a possibilidade de resolverem os exercícios não somente de forma mecânica, mas refletindo sobre a atividade, aplicando seus conhecimentos de uma forma intuitiva, para estarem também encontrando várias formas de resolução.

Assim, foram recolhidas as resoluções dos exercícios dos dois momentos, para serem realizadas as análises, baseando-se nos dois momentos, observando se os mesmos atingiram o objetivo, que é o aprendizado.

4 – Resultados e Discussão

Leontiev afirma que as atividades humanas se diferem por diversas razões, mas as atividades se distinguem umas das outras pelo seu objeto, isto é, "o objeto da atividade é seu motivo real" (LEONTIEV, 1983, p. 83). Sendo assim, uma necessidade só pode ser satisfeita quando encontra um objeto; a isso chamamos de motivo, ou seja, para Leontiev (1983) a motivação é a razão para impulsionar a realização de uma atividade. Objetos e necessidades isolados não causam atividades, a atividade só existe se ocorre um motivo. Portanto, acredita-se que neste primeiro momento, mesmo havendo explicação, os alunos não se sentiram motivados a realizar a atividade e desta forma, não produziram significado, ou seja, não conseguiram em sua maioria realizar as atividades propostas no primeiro momento da sequência didática.

Quando se compara o momento A e o momento B, percebe-se que o percentual de alunos que não conseguiram realizar a atividade foi de 7% no momento em que foi utilizado o aplicativo Geogebra e no momento A, em que foram realizadas atividades de maneira tradicional, foi de 95%. Destaca-se que no momento B, nem todos os alunos possuíam celular ou outro dispositivo móvel para a realização do exercício.

Como o observado por Camillo e Medeiros (2017), as tecnologias e a educação têm uma relação lenta no ambiente escolar, porém, Prensky (2001) ressalta que como os alunos são nativos digitais, apresentam muita facilidade em utilizar tecnologias atuais. Camilo e Medeiros (2017) afirmam que a cultura digital cresce na realidade de educandos e educadores e isso se percebe pelo resultado do segundo momento. Como se viu anteriormente, Quartieril e Cruz (2018), a escola é um ambiente em que devem ser desenvolvidas práticas sociais, ou seja, a utilização das tecnologias móveis digitais promove novas relações sociais e culturais que são alteradas, principalmente, pelo hábito dos alunos.

Assim, também conforme Leontiev (1983) destaca, quando o indivíduo se sente motivado, ele consegue dar significado à sua atividade. Portanto, acredita-se que no momento B os 93% dos alunos que conseguiram aplicar operações com inteiros, o fizeram devido à motivação que sentiram quando utilizaram o aplicativo Geogebra.

Gráfico 1 – Comparativo das respostas da primeira pergunta no momento A e no momento B, em que se observa se os alunos conseguiram realizar operações de inteiros.

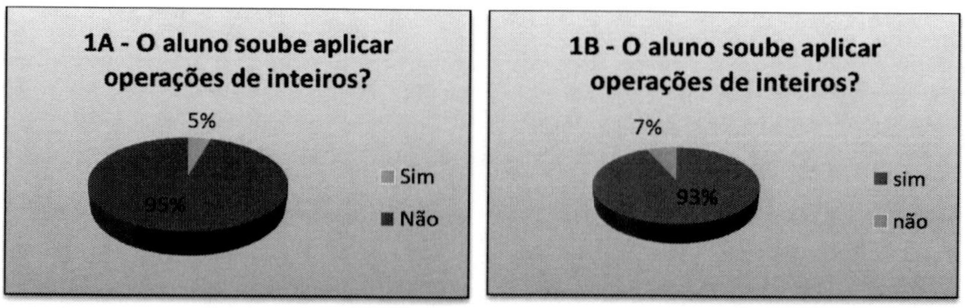

Fonte: Dados obtidos pela pesquisa do autor, 2020.

No gráfico 2, percebe-se novamente um percentual muito elevado de alunos que não conseguiram realizar a construção de gráficos conforme as coordenadas no momento A. Novamente, percebe-se que o momento tradicional não motiva os alunos a realizarem as atividades e como Leontiev (1983) destaca, a transformação da atividade externa em interna, ou seja, o aluno compreender o exercício acontece por meio do processo de internalização e desta forma, percebe-se que o momento A não proporcionou aos alunos a compreensão de como construírem gráficos seguindo as coordenadas.

O momento B, como se percebe no gráfico 12, a maioria dos alunos, 81% deles, conseguiram construir a atividade com eficácia, sendo assim, conseguiram internalizar o conhecimento construído a partir do aplicativo Geogebra. Portanto, além de se compreender os mecanismos da Teoria da Atividade podem ser comprovados na prática, no momento B, pois a maioria dos alunos conseguiu alcançar o objetivo dos exercícios, há que se enfatizar que, de acordo com Palfrey; Gasser (2011) é necessário que os professores percebam que o uso das tecnologias pode ser um suporte para os objetivos pedagógicos, sendo necessário que estes compreendam que o uso de uma ferramenta poderá satisfazer a necessidade que se tem no ensino de determinado conteúdo, no caso, as equações do primeiro grau.

Brandão (2014) aborda que, para que as tecnologias sejam utilizadas a favor da aprendizagem, elas devem ser utilizadas pela escola no sentido de aproveitar a pré-disposição que os Nativos Digitais têm em criar conhecimento a partir das "ferramentas" tecnológicas, como o objetivo de auxiliar no ensino.

Gráfico 2 – Comparativo das respostas da segunda pergunta no momento A e no momento B em que identifica se os alunos conseguiram construir gráficos de acordo com as coordenadas.

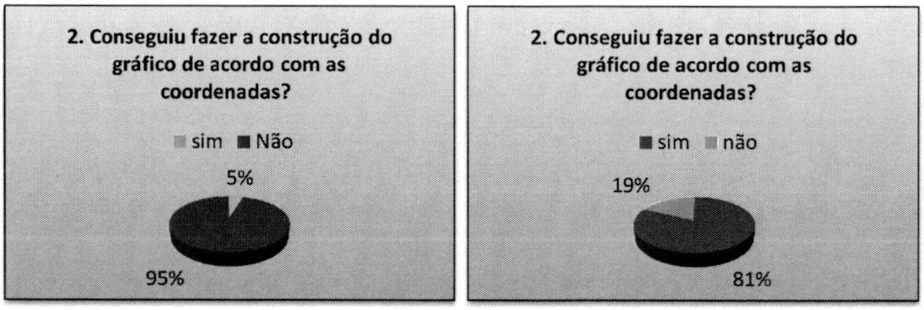

Fonte: Dados obtidos pela pesquisa do autor, 2020.

Observando o gráfico 3, no qual apresenta se os alunos conseguiram aplicar o método de 1 membro e 2 membros de maneira correta. Constata-se que no momento A, a maioria dos alunos conseguiu realizar a atividade (70% do total), mas no segundo momento, o quantitativo foi mais alto, de 91%. Acredita-se que a maioria dos alunos compreendeu tal atividade em ambos os momentos, pois esta é facilmente inteligível, uma vez que em tal questão, os alunos perceberam que para sua realização era apenas uma questão de inverter os membros de posição para a criação dos gráficos.

Portanto, observa-se que em ambos os momentos, o percentual de alunos que conseguiram realizar as atividades foi elevado, acredita-se na fala de Palfrey, Gasser (2011) que evidenciam o papel da escola na valorização dos conhecimentos que o aluno já possui despertar-lhe o desejo, a criticidade, dando sentido à atividade realizada. Deste modo, os autores afirmam que as escolas não devem se preocupar com o uso das tecnologias em si, mas em como usá-las de maneira eficiente.

Gráfico 3 – Comparativo das respostas da terceira pergunta no momento A e no momento B em que identifica se os alunos conseguiram aplicar o método de 1 membro e 2 membros de maneira correta.

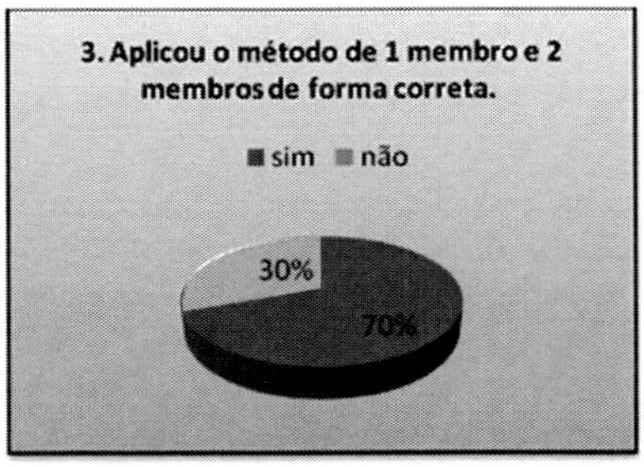

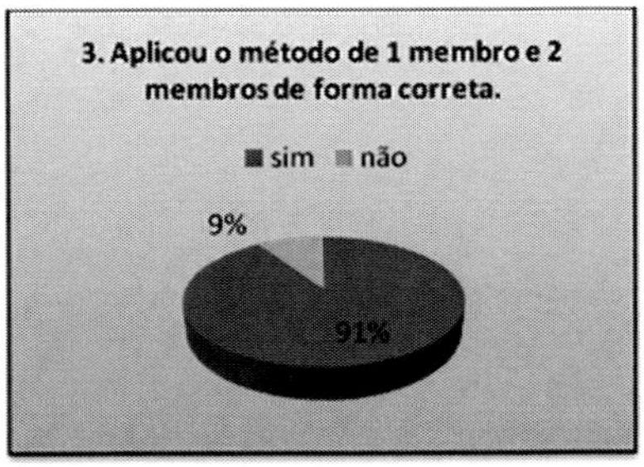

Fonte: Dados obtidos pela pesquisa do autor, 2020.

5 – Considerações Finais

Esta pesquisa teve o propósito inicial de compreender como a utilização do aplicativo Geogebra, aliado à Teoria da Atividade de Leontiev, poderia melhorar a aprendizagem do conteúdo de Equações do 1º Grau em turmas de 7º de Educação Básica. Para tanto, esperava-se que os alunos, pelo fato de serem Nativos Digitais, conseguiriam realizar as atividades propostas de uma forma mais eficaz, quando utilizassem as Tecnologias Móveis Sem Fio – TMSF. Como o objetivo geral deste artigo era investigar se alunos da Educação Básica, valendo-se dos processos da Teoria da Atividade, se motivam a produzir equações do 1º grau quando se utiliza *M-learning* durante as aulas de Matemática.

Portanto, atingiu-se o objetivo inicial da pesquisa, uma vez que os alunos, em sua grande maioria, internalizaram os conceitos de Matemática relativos à equação do 1º grau quando utilizaram o aplicativo Geogebra em sala de aula. O que se percebeu, portanto, é que a utilização da tecnologia durante a aula de Matemática, para o ensino de equações do 1º grau, foi positiva e resultou em aprendizagem e motivação para aprender mais.

Desta forma, observa-se que a Teoria da Atividade, de Leontiev, pode ser constatada quando os alunos, no momento B da pesquisa, em que foi utilizada a tecnologia, proporcionou a internalização dos conceitos matemáticos pelo simples fato dos alunos terem se sentido motivados a realizarem os exercícios propostos.

Referências

ASBAHR, Flávia da Silva Ferreira. A pesquisa sobre a atividade pedagógica: contribuições da teoria da atividade. **Rev. Bras. Educ.**, Rio de Janeiro, n. 29, p. 108-118, Aug. 2005. Disponível em: <http://www.scielo.br/scielo.php?script=sci_arttext&pid=S1413-24782005000200009&lng=en&nrm=iso>. Acesso em: 25 Abr 2020.

BRANDÃO, Carlos da Fonseca. O Ensino Médio no Contexto do Plano Nacional de Educação: O que ainda precisa ser feito. **Cad. Cedes.** Campinas, vol. 31, n. 84, p. 195-208, maio-ago. 2011. Disponível em: https://www.scielo.br/pdf/ccedes/v31n84/a03v31n84.pdf. Acesso em 11 mar 2019.

BRANDÃO, Desirre Marques. As Tecnologias de Informação e Comunicação como Ferramentas Auxiliares na Produção Textual: Um Estudo de Caso na Educação Básica. Dissertação de Mestrado em Cognição e Linguagem. Universidade Estadual do Norte Fluminense Darcy Ribeiro – UENF. Campos dos Goytacazes: RJ, março – 2014. Disponível em: http://www.pgcl.uenf.br/arquivos/dissertacaodesirremarquesbrandao_030920191502.pdf. Acesso em: 20 abr 2020.

BRASIL, Sulivan Borges; SANTOS, Beatris Parol dos; FERENHOF, Helio Aisenberg. **IJKEM, INT. J. KNOWL. ENG. MANAGE.**, v.7, n.19. Florianópolis, SC. 2018/Fev. 2019. p. 12- 24. Disponível em: file:///C:/Users/User/Downloads/5239-21157-2-PB%20(1).pdf. Acesso em 11 mar 2019.

CAMILLO, Cíntia Moralles; MEDEIRO, LIZIANY Muller. Aplicativos

Educacionais Livres para *M-learning* e sua Integração com o Ensino da Matemática. Tecnologia e Sociedade. **Revista Redin**. v. 6 Nº 1. Outubro, 2017. Disponível em: https://seer.faccat.br/index.php/redin/article/view/612. Acesso em: 11 mar 2019.

GALLEGUILLOS, Jeannette Emma. **Modelagem matemática na modalidade online: análise segundo a Teoria da Atividade.** Tese de doutorado em Geociências e Ciências Exatas. Universidade Estadual Paulista - Instituto de. Rio Claro, 2016. Disponível em: http://www.rc.unesp.br/gpimem/downloads/teses/bustamante_jeg_dr_rcla.pdf. Acesso em: 10 abr 2020.

GRYMUZA, Alissá Mariane Garcia; RÊGO, Rogéria Gaudêncio do. Teoria Da Atividade: Uma Possibilidade no Ensino de Matemática. **Revista Tema Educação.** V. 23, n. 2. 2014. Disponível em: http://www.periodicos.ufpb.br/index.php/rteo/article/view/20864/12564. Acesso em 11 mar 2019.

GUZZI, A. A. **Participação Pública, Comunicação e Inclusão Digital**. 2006. Disponível em: www.pucsp.br. Acesso em: 25 out 2014.

LEONTIEV, A. N. O desenvolvimento do psiquismo. Lisboa: Livros Horizonte, 1978.

______. Actividad, conciencia e personalidad. Havana: Editorial Pueblo y Educación. 1983

MARTINS, Wesley da Silva et al. *M-LEARNING* como Modalidade de Ensino: a Utilização do Aplicativo Estatística Fácil no Ensino Médio. v. 1. 2018. Disponível em: https://revistas.pucsp.br/index.php/emd/article/view/32882. Acesso em: 10 jan 2020.

MELO, Rafaela da Silva; CARVALHO, Marie Jane Soares. Aplicativos Educacionais livres para *M-learning*. **Revista Anais do Evidosol**. v.6. n.1.2018. Disponível em: http://www.periodicos.letras.ufmg.br/index.php/anais_linguagem_tecnologia/article/vie w/5809. . Acesso em: 11 mar 2019.

MOURA, Anderson da Silva. **Matemática na Escola: Prática interdisciplinar apoiada pela Teoria da Atividade.** Dissertação em Educação Matemática. Juiz de Fora. 2016. 118 f. Disponível em: http://www.ufjf.br/mestradoedumat/files/2011/05/Disserta%C3%A7%C3%A3o-Final-Anderson3.pdf. Acesso em: 10 abr 2020.

PALFREY, John; GASSER, Urs. Nascidos na Era Digital: Entendendo a Primeira Geração de Nativos Digitais. Porto Alegre: Artmed, 2011. 353 p.

PRENSKY, Marc. "**Não me atrapalhe, mãe – Eu estou aprendendo!**" – Como os videogames estão preparando nossos filhos para o sucesso no século XXI e como você pode ajudar! São Paulo: Phorte, 2010. 320p.

QUARTIERIL Marli Teresinha; CRUZ Romildo Pereira da. Tecnologias digitais em aulas de Matemática . Ens. Tecnol. R., Londrina, v. 2, n. 1, p. 56-70, jan./jun. 2018.

REIS, Ana Queli Mafalda; NEHRING, Cátia Maria. **Exame Nacional do Ensino Médio – ENEM: Indutor da prática curricular de professores de matemática. A perspectiva da contextualização**. Saarbrücken, Ed. Novas Edições Acadêmicas, 2015.

SANTOS; Eugen Klingesnchmid Lopes dos; AMARAL, Marcio Luiz Henrique. Avaliação de Objetos Virtuais de Aprendizagem no Ensino de Matemática. **REnCiMa**. v. 3, n. 2, p. 83-93, jul/dez 2012. Disponível em: http://www.pucrs.br/ciencias/viali/tic_literatura/artigos/objetos/Santos_Amaral.pdf. Acesso em: 11 mar 2019.

SILVA Luiz Fernando da; OLIVEIRA, Eder Diego de; BOLFE Marcelo. *Mobile Learning*: Aprendizagem com Mobilidade. Encontro de Ensino, Pesquisa e Extensão, Presidente Prudente, 21 a 24 de outubro, 2013.

Capítulo 8

Guia de Boas Práticas do Ensino no Âmbito do Home-office

Prof. Ms. Juliano Silva Marçal

Resumo

O ensino a distância ou mais comumente conhecido como EaD, é um formato de ensino explorado pelas instituições de ensino superior como uma alternativa de ensino de menor custo dentro do contexto do processo do ensino aprendizado no modelo capitalista tanto para as instituições como para os alunos que optam por este modelo.

Com o surgimento da pandemia COVID-19 responsável por afetar todas as áreas profissionais a nível global, as instituições de ensino públicas e privadas se viram obrigadas a criar métodos de ensino a partir do teletrabalho ou *home-office*, nesta nova era, tantos os docentes quanto os alunos a partir de suas residências se veem obrigados a darem continuidade ao processo educacional através de aulas *on-line* síncronas.

Frente ao novo cenário, os docentes das mais variadas áreas do ensino se viram forçados a adaptar-se as novas tecnologias, equipamentos e boas práticas no que tange a transmissão de aulas *online* a partir de suas residências.

O objetivo deste texto consiste em fornecer um guia de boas práticas e técnicas a todos os educadores que estão desenvolvendo suas atividades profissionais acadêmicas em modelo de *home-office* a partir da realização da transmissão de aulas *online* síncronas.

Introdução

O *home-office* ou teletrabalho, consiste em um modelo de desenvolvimento do trabalho a partir de suas residências adotado por inúmeros profissionais e empresas, basicamente a empresa realiza a contratação do profissional nos moldes empregatícios tradicionais e permite que este desenvolva a atividade profissional a partir de sua residência, esta modalidade tem crescido anualmente por vários fatores, dentre eles: o avanço tecnológico das redes de telecomunicação, surgimento de inúmera ferramentas de suporte ao modelo, globalização da economia, aumento da terceirização no desenvolvimento dos serviços, criação de leis para a regulamentação da atividade, entre outros.

A partir do século XXI em função da pandemia mundial COVID-19 (ESTEVÃO, 2020), a modalidade de trabalho conhecida como teletrabalho ou *home-office* passou a ser largamente utilizada em todos os países como alternativa ao desenvolvimento das atividades profissionais.

Com o surgimento da pandemia, todos os países foram obrigados a adotar o isolamento social como medida de contenção da proliferação do vírus que tem seus primeiros registros datados em dezembro de 2019 em Wuhan na China. Para se ter ideia do poder de contaminação e proliferação do vírus, em apenas 2 meses após os primeiros registros, 18 diferentes países registraram casos do COVID-19, poucos meses depois, em outubro de 2020 o vírus estava presente em mais de 130 países em todo o globo terrestre (WHO's, 2021).

A pandemia COVID-19 afetou diretamente todos os setores industriais causando um enorme colapso na economia mundial. Com alto índice de mortalidade registrado em todos os países, estes se viram obrigados a fechar suas fronteiras e decretar inúmeras ações de isolamento social para contenção da proliferação do vírus que até outubro de 2020 ainda não tinha uma vacina com eficiência comprovada.

Com o isolamento social, as empresas tiveram que se reinventar para manterem o funcionamento de suas atividades. Durante o período pandêmico o *home-office* se torna uma das alternativas mais eficientes de trabalho, e no Brasil não foi diferente, entre março e julho de 2020 cerca de 46% das empresas brasileiras adotaram algum tipo de trabalho em modalidade de *home-office* (MELLO, 2020).

A educação a nível global foi uma das primeiras áreas a serem atingidas pela pandemia e terem suas atividades interrompidas pois o ambiente acadêmico oferece condições favoráveis para proliferação do vírus por reunir em um só local várias pessoas. Como alternativa para o desenvolvimento dos trabalhos de ensino e aprendizado, as instituições de ensino e todos os profissionais da área tiveram que adotar o modelo de *home-office* para dar continuidade ao desenvolvimento das atividades acadêmicas através de aulas *online* síncronas e assim amenizar o impacto pandêmico sobre o ensino (CORDEIRO, 2020).

A adoção do *home-office* e transmissão das aulas *online* síncronas obrigou os docentes das mais variadas áreas a terem que se adaptar, e criar em suas residências um ambiente minimamente adequado para o desenvolvimento de suas atividades profissionais, gerando assim uma série de dúvidas e preocupações que até então não existiam já que as instituições de ensino são responsáveis pelo fornecimento de toda a infraestrutura física e tecnológica adequada para o processo de ensino e aprendizado.

O presente trabalho tem como objetivo central ser um guia de referência de boas práticas para o desenvolvimento do ensino no âmbito do *home-office* a partir de aulas *online* síncronas.

Conceitos e Fundamentos do Home-office

O "teletrabalho", "trabalho remoto" ou "home-office" consiste em um modelo de trabalho que permite ao colaborador desenvolver suas atividades profissionais a partir de sua residência e/ou de um local diferente da área física da empresa (áreas fabris), de maneira geral este trabalho é realizado mediante algum tipo de suporte tecnológico.

O *home-office* não deve ser confundido com os trabalhos fabris desenvolvidos a partir da residência sem vínculo empregatício tais como: criação de peças de artesanato; produção de produtos alimentícios; prestação de serviços (pintura, elétrica, manutenção geral), etc. ou com os trabalhos de cunho empresarial desenvolvidos pelos microempreendedores que desenvolvem atividades com características empresariais podendo inclusive realizar a contratação de colaboradores ou terceirizar a produção.

Terminologias e definições

A origem da palavra *home-office* provém da língua inglesa e significa "escritório em casa" em tradução literal para o português. O conceito do trabalho a partir de casa é utilizado de diferentes formas como se pode notar a partir das descrições a seguir:

- Trabalho fora do escritório de uma empresa, geralmente em casa, com ou sem vínculo empregatício, havendo comunicação com a empresa pela internet ou por telefone (MICHAELIS, 2021).

- Trabalho que pode ser realizado remotamente, fora do espaço da empresa ou da sede empregatícia, feito com auxílio de computadores ou de outros dispositivos cuja comunicação à distância pode ser efetuada (DICIO, 2021).

- Um cômodo ou área da casa que pode ser utilizado para o desenvolvimento das atividades profissionais (CAMBRIGE, 2021).

- Consiste no desenvolvimento do trabalho pelo colaborador de forma remota a partir de sua residência, ou seja, fora dos limites físicos da empresa a qual está prestando serviço. (MARÇAL, 2021).

Linha do tempo

O *home-office* ou teletrabalho não é um assunto recente ou contemporâneo, os fundamentos e utilização desta modalidade de trabalho já eram desenvolvidos antes mesmos da existência das redes de telecomunicações e ferramentas de tecnologia que hoje sustentam esse modelo, a linha do tempo a seguir aborda alguns dos marcos importantes dentro deste conceito:

- **O termo "teletrabalho"**: Frank Schiff em 1979, publica um artigo sobre a origem do teletrabalho, o artigo aborda que "... a origem do termo teletrabalho, provém das experiências e pesquisas realizadas pelo consultor de foguetes do programa espacial da Força Aérea Norte-Americana Jack Nilles (conhecido como pai do teletrabalho), este realizou um estudo que permitia diminuir o tempo gasto em transporte dos trabalhadores até as empresas, se estes (trabalhadores) desenvolvessem suas atividades profissionais em uma área privada..." (GURUS, 2000);

- **Conferência**: Em 1980 os Estados Unidos realizam a primeira conferência sobre o assunto "Teletrabalho nos EUA" em detrimento ao surgimento de novas modalidades de trabalho desenvolvidas a partir das residências dos colaboradores (SERRA, 1996);

- **Seminário**: Em 1997 ocorre no Brasil o 1º Seminário "Home Office/Telecommuting – Perspectivas de Negócios e de Trabalho para o 3º Milênio" (THOM, 2017);

- **Projeto piloto**: Em 1998 a empresa que atende pela razão social Serviço Federal de Processamento de Dados (SERPRO), considerada a maior empresa pública de prestação de serviços em tecnologia da informação, inicia um projeto piloto de teletrabalho com quatro colaboradores (FILHO, 2018);

- **Definição teletrabalho**: Em 2002 a Comunidade Econômica Europeia aprova o "European Framework Agreement on Telework", um documento que tem como objetivo criar uma definição genérica do que pode ser considerado teletrabalho;

- **Fórum latino**: No ano de 2003 ocorre no Brasil a realização do Fórum Latino-Americano de Teletrabalho (FLAT) na cidade de São Paulo (SP). No evento em questão a SERPRO apresenta seu modelo de teletrabalho e resultados obtidos;

- **Lei 3.129/2004 (Brasil)**: O deputado Eduardo Valverde apresenta em 2004 o projeto de lei número 3.129/2004 que inclui o trabalho realizado a distância, via computador, sobre subordinação, como como subordinado juridicamente aos meios pessoais e de direito do empregador, desde que haja relação empregatícia (LEGISLAÇÃO, 2011);

- **Lei 4.505/2008 (Brasil)**: Em 2008 o deputado Luiz Paulo Vellozo Lucas (PSDB) apresenta o projeto de lei 4.505/2008 que tem como objetivo principal realizar a regulamentação do trabalho à distância regulamentando os direitos de deveres do empregado e empregador (LEGISLAÇÃO, 2011);

- **Lei 12.551/2011 (Brasil)**: Em 2011 é aprovada a lei número 12.551/2011 (em proposição a lei 3.129/2004) que altera o artigo 6º da Consolidação das Leis Trabalhistas (CLT), a lei tem como finalidade equiparar os efeitos jurídicos da subordinação exercida por meios telemáticos e informatizados (LEGISLAÇÃO, 2011);

- **Lei 13.467/2017 (Brasil)**: Em 2017 é aprovada a lei 13.467/2017 através do decreto número 5.452, a lei define dentre outras alterações, as definições de teletrabalho, responsabilidades e deveres do empregador e colaborador (PLANALTO, 2017).

No Brasil a lei 13.467/2017 se torna um marco de alta relevância no que tangem as relações empregatícias sobre a modalidade de teletrabalho, pois esta lei descreve de forma clara e objetiva como o colaborador e empregador devem se comportar do ponto de vista das obrigações e responsabilidades.

Boas Práticas para o Ensino em Home-Office

Como visto nos capítulos anteriores, as práticas de home-office existem desde antes do surgimento das redes de telecomunicações. Estas redes nos fornecem hoje, total suporte a esta modalidade de trabalho que tem crescido anualmente e vem pressionando os países a criarem regulamentações e legislações que possibilitem a sua prática de maneira legal e com amparo das leis trabalhistas.

Com a pandemia COVID-19 (WHO's, 2021) o trabalho em modelo *home-office* foi flexibilizado por inúmeras ações governamentais como estratégia para sustentar as atividades econômicas.

A área da educação foi uma das áreas mais afetadas pela pandemia, já que esta atividade tem como premissa básica a necessidade de reunir várias pessoas em um mesmo local físico, ação está proibida em todo território nacional devido ao alto índice de disseminação do vírus em locais com aglomeração.

Diante da situação pandêmica a área da educação viu-se obrigada a se reinventar para dar continuidade as atividades acadêmicas voltadas para o ensino aprendizado. Com a modalidade de *home-office* em alta, os professores passaram a ministrar suas aulas a partir de suas residências de forma *online* síncrona, ou seja, os alunos podem assistir as aulas ministradas pelos professores a partir de suas residências em "tempo real" nos mesmos horários das aulas presenciais.

O ensino no âmbito do home-office

Com as restrições de distanciamento impostas pelo ministério da saúde como estratégia de enfrentamento a pandemia COVID-19, o ensino a partir das residências tanto por parte dos professores quando por parte dos alunos se tornou uma realidade que gradativamente tem evoluído à medida que a prática tem se tornado mais comum.

As instituições privadas de ensino saíram na frente no quesito "ensino no âmbito do *home-office*", pois frente a inúmeras incertezas econômicas geradas em função da pandemia, precisaram rapidamente realizar ações que permitiram seus professores ministrarem aulas a partir de suas residências.

Aulas *online* síncronas

As aulas intituladas "*online*", "síncronas", "remotas" ou "em tempo real" se tornaram uma realidade a nível mundial, apesar de ser também considerada uma forma de EaD, elas se diferem pelo fato de o professor estar *online* em todas as aulas.

As aulas *online* síncronas são ministradas pelos professores através de algum *software* de transmissão a partir de suas residências nos mesmos horários convencionais das aulas presenciais. Semanalmente os professores iniciam suas salas virtuais para que os alunos possam entrar, participar e desenvolver as atividades educacionais.

Durante o decorrer das aulas, tanto o professor quando os alunos podem interagir da mesma forma como nas aulas presenciais ou de acordo com as regras e protocolos de conduta adotados por cada instituição no tocante as condutas comportamentais durante as aulas *online*.

Os desafios

Como todo e qualquer novo processo ainda não analisado, planejado, testado, ajustado e experimentado, o ensino *online* síncrono têm apresentado inúmeros desafios as instituições de ensino que necessitam dar continuidade no fornecimento de seus serviços.

A maior parte dos problemas enfrentados pelas instituições estão relacionados a ausência da estrutura física convencional que é montada e estruturada para fornecer o melhor no que diz respeito ao processo de ensino aprendizado. Com a ausência do "local" físico adequado, ou com a migração dele para o mundo digital, as instituições precisaram se reinventar para continuar o fornecimento dos trabalhos a partir das residências dos professores e alunos.

Infelizmente todo processo de adaptação à uma nova realidade não é simples e rápida como se gostaria, as instituições enfrentaram e ainda estão enfrentando inúmeros desafios tais como:

- **Necessidade de investimento**: O novo cenário demanda por parte das instituições a realização de investimento (em um momento de incertezas econômicas) em licenciamento de *softwares* e plataformas que possibilitem a realização das aulas *online* síncronas;
- **Definição da ferramenta**: O cenário de aulas *online* até o presente momento pandêmico não era considerado, partindo desse pressuposto, entende-se que as instituições não desenvolveram expertise e experiência para escolha das ferramentas tecnológicas que sustentam este ambiente;
- **Investimento em equipamentos**: Muitos professores (por não necessitarem) não tem ou conhecem os equipamentos necessários para a realização da transmissão de suas aulas em modelo *online*, e muitos entendem que não

devem ser responsáveis pela realização do investimento de forma particular, com este cenário instaurado as instituições necessitam fornecer a estes professores os equipamentos necessários;

- **Local físico adequado**: Até o presente momento pandêmico, não havia por parte dos professores a necessidade de criar um local apto para realização de suas aulas a partir de sua residência, muitos não tem este local, ou se o tem muitas vezes não oferece a condição ideal, afinal trata-se de uma residência familiar onde residem outras pessoas da família;

- **Conexão de internet**: A conexão com a internet por parte do professor ou por parte do aluno também se tornou um problema para o modelo, pois dependendo do local onde um ou outro resida, existe a possibilidade de não haver fornecimento de conexão com a internet;

- **Ausência de recursos**: Muitos alunos não têm em suas residências os recursos tecnológicos necessários para o desenvolvimento das atividades acadêmicas exigidas neste modelo. A ausência dos recursos tecnológicos é coerente já que as instituições fornecem aos alunos todos os recursos necessários para realização das atividades educacionais em modelo presencial;

- **Qualidade da aula**: Por se tratar de um modelo de aula diferente dos modelos tradicionais praticados pelas instituições, elas enfrentam problemas para criar uma metodologia que permita avaliar a qualidade da aula ministrada;

- **Conhecimento adquirido**: A aferição do conhecimento adquirido pelos alunos neste novo modelo é também um ponto de altíssima importância para as instituições, já que elas serão mais ou menos reconhecidas em função da qualidade do futuro profissional que adentrará no mercado de trabalho;

- **Saúde mental e emocional**: As instituições têm se preocupado com a saúde mental e emocional tanto dos professores quanto dos alunos, pois ambos devem estar aptos para participarem do processo já que a ausência já que a ausência de uma das partes afetará a instituição de alguma forma;

- **Direito de uso de imagem:** As instituições têm enfrentado problemas referentes aos direitos de uso de imagem e conteúdo produzido pelos professores durante as aulas *online*, uma vez que para tal necessitam de consentimento e amparo jurídico;

- **Domínio técnico:** Muitos professores têm enfrentado dificuldades em lidar com as novas tecnologias e formato de realização das aulas;

- **Ausência de instrumentos e recursos:** Dentre os problemas enfrentados pelas instituições, alguns ainda não podem serem resolvidos por este modelo, por exemplo: aulas práticas de anatomia humana, aulas práticas química, aulas práticas de engenharia civil etc.

Estes são apenas alguns dos vários problemas e desafios enfrentados pelas instituições, professores e alunos diante da nova realidade das aulas *online* síncronas.

Estrutura mínima para o ensino online

Diferentemente dos modelos tradicionais de Ensino a Distância (EaD), onde as instituições disponibilizam previamente o material das aulas para os alunos que estão previamente instruídos em como consumi-lo, como tirar suas dúvidas e como devem entrar em contato com os professores, as aulas *online* síncrona a partir das residências dos professores requerem um ambiente minimamente adequado e propício para sua realização, pois os alunos estarão assistindo as aulas "ao vivo" e poderão interagir com o professor ou demais alunos em "tempo real".

Para que as aulas *online* síncronas sejam realizadas, os professores necessitam de ao menos quatro diferentes itens, tais como:

- **Ambiente**: Um cômodo, parte de um cômodo ou um determinado local deverá ser minimamente adaptado para que seja possível realizar as aulas;

- **Conexão de internet**: Deverá existir (principalmente por parte do professor) uma conexão de internet de banda larga para transmissão das aulas;

- **Equipamentos**: Dentre os vários equipamentos necessários para realização das aulas online, os mais básicos e necessários são: um computador (desktop ou notebook), uma câmera ou webcam, um microfone e um dispositivo de áudio (fone de ouvido ou caixa de som);

- **Softwares**: Para a realização das aulas *online* é necessário a utilização de alguns softwares, dentre eles o principal será o software responsável pela transmissão da aula aos alunos, os demais softwares são todos aqueles que o professor utilizará como software de apoio, que pode ser desde um software de apresentação, um editor de texto, uma planilha eletrônica ou algum software específico para realização da aula.

Baseado nos quatro principais itens necessários para realização da transmissão das aulas *online* síncronas, este material visa apresentar uma série de dicas e boas práticas que poderão auxiliar os professores a conduzir suas aulas de uma forma menos traumática e problemática durante a realização das atividades profissionais à partir de suas residências em modelo de *home-office*.

Descrição do cenário

O cenário aqui descrito visa delimitar o ambiente e parâmetros de referência que foram utilizados para o desenvolvimento deste material, e assim permitir que os leitores possam estimar baseado em suas realidades os recursos mínimos necessários que deverão utilizar.

O ambiente aqui descrito considera um cenário onde os professores, em função de algum acontecimento como por exemplo a pandemia COVID-19, tiveram que subitamente realizar suas aulas em modalidade *online* síncrona a partir de suas residências, no entanto pode ser utilizado por toda e qualquer pessoa que tenha interesse em realizar transmissão de conteúdo através da internet a um grupo de pessoas.

Dentre os parâmetros e delimitações importantes para o desenvolvimento do trabalho são abordados:

- **Foco na transmissão** – Este material visa fornecer suporte prioritariamente aos professores e profissionais da educação que necessitam realizar transmissão de suas aulas a partir de suas residências através de recursos computacionais próprios ou fornecidos pela instituição a qual estão vinculados;

- **Nível escolaridade** – Apesar de poder ser utilizado por todo e qualquer professor de qualquer nível escolar como guia de referência, as boas práticas aqui descritas estão mais focadas no cenário de aprendizagem em que os alunos são independentes do ponto de vista da educação, ou seja, não necessitam de apoio ou suporte de seus pais ou tutores para interagir com os equipamentos computacionais necessários para o acompanhamento e desenvolvimento das atividades educacionais;

- **Responsável/administrador** – O contexto descrito considera o professor como sendo o responsável pela criação, configuração e condução das aulas *online*;

- **Número de participantes** – A circunstância apresentada considera 01 professor responsável pela transmissão e uma turma composta por um grupo até 50 alunos que irão a partir de suas residências assistir e executar as atividades propostos pelo professor.

- **Número de aulas e tempo total** – O número de aulas e o tempo total das aulas que serão ministradas em modalidade *online* síncrona, serão os mesmos das aulas presenciais, inclusive o horário de início, intervalo e término;

- **Hardware utilizado** – Será considerado que o professor tem um notebook com configurações básicas e suficientes para criação do conteúdo que será apresentado e transmissão das aulas.

Ambiente

A preparação do ambiente é a primeira etapa e sem dúvida uma das mais importantes, é exatamente neste momento em que o professor irá designar um espaço de sua residência para transformá-lo em sua sala de aula particular.

O processo de criação e escolha do ambiente deverá ser pensado de forma consciente e em comum acordo com os demais membros da família que deverão apoiar e colaborar com este novo cenário, afinal de contas, a residência não foi preparada do ponto de vista estrutural para contemplar uma sala de aula e sim as atividades familiares diárias. Este cenário se agrava para os professores que residem em apartamentos, que em geral são projetados para utilizaram cada metro quadrado da melhor forma possível em seus cômodos não permitindo ajustes ou reserva de ambientes.

Logo abaixo são descritos vários itens importantes para que o professor possa criar seu ambiente de maneira a oferecer uma experiência de aula *online* síncrona com qualidade semelhante as aulas presenciais, serão abordados aspectos estruturais, ambientais, comportamentais e visuais tais como:

- **Escolha do local** – A definição do local deve ser muito bem pensada a fim de evitar maiores problemas e/ou intromissões, e deve ser pensada juntamente com os demais membros familiares para que se conscientizem e colaborem;

- **Área de passagem** – O local escolhido deve ser preferencialmente um ponto da residência onde geralmente o fluxo de passagem é menor ou praticamente inexistente, afinal os demais entes familiares precisam continuar a circular pela residência, evite locais como corredores, cozinha e sala, de preferência para os escritórios, quartos, varandas e sacadas;

- **Barulho e interrupções sonoras** – Os locais da residência onde normalmente há maior incidência de barulho, como por exemplo a sala e cozinha, devem ser evitados para que não interfiram na transmissão da aula;

- **Parede de fundo, Plano de fundo ou *"Chroma key"*** – Por se tratar de uma residência, durante a escolha do local deve-se levar e consideração a parede que ficará ao fundo, ou seja, atrás do professor durante as transmissões, esta parede deve preferencialmente ser de uma só cor, esta estratégia é considerada eficiente pelo fato de várias ferramentas de transmissão conterem o recurso que permite adicionar uma imagem como plano de fundo. O fato de a parede ser de cor homogênea possibilitará a ferramenta maior eficiência na inclusão da imagem como plano de fundo. Esta técnica também evitará fuga de atenção dos alunos durante a aula para o ambiente residencial. A processo de adicionar um fundo de uma única cor é conhecida como "*chroma key*" nos estúdios de transmissão. O "*chroma key*" consiste na inclusão de um fundo em cor verde limão durante as transmissões, por se tratar de um verde de tonalidade forte diferente de todas as demais cores do ambiente a ferramenta de transmissão consegue mais facilmente realizar a substituição do verde pela imagem desejada;

- **Iluminação frontal ou primária** – Dentre os itens mais importantes no que diz respeito a qualidade de transmissões ao vivo, a iluminação ocupa um local de destaque, existem várias técnicas, métodos e equipamentos, no entanto o foco deste material leva em consideração a construção de um cenário mínimo para realização da transmissão das aulas *online* síncronas a partir das residências dos professores e por esse motivo, será abordada a principal dentre as várias formas de iluminação existente, a "iluminação frontal", " iluminação primária" ou "iluminação de ataque". A iluminação frontal deve estar posicionada de tal maneira que proporcione a melhor cobertura possível do objeto que estará em foco durante a transmissão, que no caso é o professor, de maneira geral, ela deve ficar de frente e um pouco acima do professor, em um ângulo aproximado de 45º em uma distância não superior a 1 metro (podendo variar de acordo com a intensidade), esta iluminação garantirá uma boa qualidade de transmissão. Evite considerar a iluminação residencial como iluminação primária, por ser uma iluminação geral e ambiente ela não está diretamente focada no objeto e em geral não é suficiente para garantir uma boa qualidade;

- **Questões ergonômicas** – Devido ao cenário residencial abordado, é comum a situação de não existência de uma mesa e cadeira adequada para a realização das aulas *online* síncronas, o que leva os professores a recorrer a mesa de jantar na maioria das vezes. Por questões ergonômicas e pelo tempo semanal em que o professor irá utilizar estes recursos, a mesa e cadeira de jantar devem ser evitadas pois não foram projetadas para serem utilizadas de forma ergonômica durante várias horas do dia como irá ocorrer durante a transmissão das aulas. Infelizmente no quesito mesa e cadeira o ideal é que o professor faça um investimento para evitar problemas de saúde futuros. Uma sugestão interessante e prática neste aspecto, consiste na aquisição de uma cadeira minimamente apropriada e de uma mesa dobrável portátil que permitirá ao professor maior flexibilidade caso necessite trocar de ambiente para realização da transmissão das aulas;

- **Mobília e objetos do ambiente** – O ambiente de fundo, que fica atrás do apresentador, ou seja, do professor, normalmente é a parte da transmissão que mais ocupará espaço na tela dos alunos que assistirão as aulas *online*. Durante a escolha do ambiente, deve-se preferencialmente levar em consideração o cenário que ficará ao fundo, se possível deve considerar a opção de não existência móveis ou objetos do ambiente que chamem demasiadamente a atenção dos alunos, como por exemplo: um quadro muito colorido que destoe muito do ambiente da aula, um painel de fotos da família que fará com que os alunos fiquem procurando conhecer mais, um local muito bagunçado e desorganizado que poderá implicar em julgamentos por parte dos alunos, ou até mesmo uma painel com informações de um hobbies de interesse comum (como jogos por exemplo) que fará com que os alunos se interessem mais pelo hobbies que pela aula, etc. É importante não confundir a questão da mobília e objetos do ambiente residencial com a construção de um ambiente ideal e agradável para as transmissões das aulas, este tópico tem como proposta chamar a atenção para situações que podem se sobressair visualmente durante as transmissões de tal maneira que roubem a atenção dos alunos;

- **Energia elétrica** – Não menos importante que os demais itens já abordados na questão do ambiente, é fundamental que próximo ao local escolhido para ministrar as aulas *online* síncronas exista ao menos um ponto de energia elétrica disponível para alimentar os equipamentos que serão utilizados durante as transmissões. O motivo pelo qual um único ponto é suficiente, dá-se pelo fato de ser possível a partir dele conectar uma extensão elétrica que possibilitará disponibilizar outros pontos de acesso à energia.

- **Cores das vestimentas** – Durante as transmissões, o professor deve optar pelo uso de roupas com cores diferentes da cor do plano de fundo do ambiente, caso as cores sejam semelhantes ou iguais, a ferramenta de transmissão não conseguirá distinguir o plano de fundo de forma adequada e assim não poderá ser utilizado o recurso que permite substitui-lo por uma imagem.

Conexão

Para que os professores possam realizar as transmissões das aulas *online* síncronas a partir de suas residências é fundamental a existência de uma conexão de internet, ou seja, de uma conexão de banda larga.

O termo "banda larga" surgiu por volta do ano 2000, logo após a evolução das conexões discadas (*dial-up*) que ofereciam velocidades de conexão à internet limitada a 128 kbps (kilobits por segundo), por definição, qualquer tipo de conexão que ofereça taxas de transmissão superior a esta velocidade de forma ininterrupta é considerada conexão de banda larga.

As redes de telecomunicações têm evoluído constantemente nas grandes metrópoles culminando com o surgimento de novas tecnologias e infraestruturas para o fornecimento das conexões de banda larga, atualmente existem vários tipos de conexão de banda larga, tais como:

- **Conexão banda larga ADSL** – A conexão *Asymmetric Digital Subscriber Line* (ADSL) ou Linha Digital Assimétrica para Assinantes é considerada dentre as demais, a primeira conexão de banda larga comercial existente, este tipo de tecnologia utiliza-se da linha telefônica comum para trafegar o sinal de banda larga, que por sua vez não interfere na utilização de uso do telefone;

- **Conexão banda larga via rádio** – A conexão de banda larga via rádio é uma opção para as pessoas que residem ao redor dos grandes centros urbanos ou em regiões rurais onde as operadoras telecomunicações não oferecem infraestrutura física, por se tratar de uma conexão via ondas de rádio não existe a necessidade de conexão via cabo, toda a transmissão ocorre através de antenas;

- **Conexão banda larga via internet móvel** – As tecnologias destinadas a celulares e *smartphones*, como por exemplo a tecnologia 3G e 4G, que permitem transmitir taxas de transmissão superiores as redes *dial-up*, são também consideradas conexão de banda larga;

- **Conexão de banda larga via cabo** – Semelhantes a conexão de banda larga ADSL, a conexão de banda larga via cabo utiliza-se do cabeamento coaxial utilizado para transmitir o sinal de televisão para trafegar o sinal de banda larga;

- **Conexão de banda larga via fibra óptica** – A conexão de banda larga via fibra óptica é considerada a maior evolução dentre as tecnologias de transmissão de dados para acesso à internet por permitir grandes taxas e ótima qualidade. Por ser um meio de conexão cabeado, assim como o ADSL e Cabo, necessita da uma infraestrutura própria para ser fornecida e com isso sua cobertura em geral é resumida aos centros comerciais dos munícipios por existir maior demanda de uso.

Durante as transmissões das aulas *online*, tanto o professor quanto os alunos estarão conectados à internet, ambos personagens irão utilizar um mesmo programa que possibilite a todos os participantes transmitir simultaneamente informações de vídeo e áudio (multimídia).

No que tange a conexão de internet para realização das transmissões das aulas *online* síncronas, os professores deverão estarem atentos a:

- **Tipos de banda larga** – Os diferentes tipos de fornecimento de conexão de banda larga influenciam diretamente na velocidade e qualidade da transmissão por sofrerem mais ou menos interferências tais como: local ou região; qualidade da infraestrutura; efeitos meteorológicos; qualidade do sinal fornecido; etc. Como não é possível mensurar os tipos de interferências que a conexão de banda larga contratada será exposta, é possível ao menos definir uma ordem de prioridade a qual o professor deve seguir para escolha do tipo de banda larga que irá contratar, a ordem deve ser a seguinte: 1ª. Conexão via fibra óptica; 2ª. Conexão via cabo; 3ª. Conexão ADSL; 4ª. Conexão via rádio e 5ª. Conexão via tecnologia móvel. De acordo com a prioridade definida é possível notar que as conexões cabeadas apresentam maior prioridade que as conexões via frequência de rádio, isso ocorre pelo fato das conexões cabeadas sofrerem menos interferências e com isso oferecerem maior estabilidade, velocidade e qualidade para transmissão multimídia.

- **Velocidade mínima de banda larga** – A velocidade mínima da banda larga que o professor deverá conter pode variar em função da qualidade da transmissão que se deseja. Conforme descrito no tópico "Descrição do cenário" será levado em consideração os recursos mínimos necessários para uma transmissão de qualidade. Para realização do cálculo, é necessário primeiro entender os seguintes itens:

    - Apresentador e telespectadores: Durante a realização das aulas *online* síncronas, o professor terá o papel de apresentador e os alunos serão os telespectadores, no entanto, durante uma interação momentânea de um aluno ao realizar uma pergunta por exemplo, este será o apresentador e o professor passará a ser um dos telespectadores juntamente com os demais alunos.

    - Transmissão de vídeo e áudio: Durante a realização de uma aula *online* são transmitidas individualmente as informações visuais (vídeo) e de voz (áudio), por serem transmitidas de forma independentes, elas podem ser desativadas e assim gerar menos tráfego de dados sobrecarregando menos a transmissão e assim aumentar a qualidade. É evidente que para o apresentador essas configurações não poderão ser desativadas, no entanto para os telespectadores é recomendado que desativem suas câmeras e áudio (enquanto não houver interação), assim eles apenas receberão a transmissão de vídeo e áudio do apresentador.

- Resolução de vídeo: A resolução do vídeo também influencia muito no momento da transmissão, as resoluções mais comuns são 720 pixels, 480 pixels, 360 pixels e 240 pixels. Quanto maior a resolução melhor será a qualidade da imagem e maior a quantidade de dados necessários para realizar a transmissão. A grande maioria dos programas de transmissão ajustam automaticamente a resolução do vídeo no momento da transmissão (saída) e recepção (entrada) de acordo com a largura da banda existente para assim conseguir a melhor qualidade.

- Largura de banda de entrada e saída: Ao realizar a contratação da banda larga, geralmente a operadora disponibiliza velocidades diferentes de entrada (*download*) e de saída (*upload*), essa estratégia adotada pelas operadoras dá-se em geral pelo fato que normalmente consumimos (*download*) uma maior quantidade de dados do que geramos (*upload*).

De acordo com o programa Google Meeting (GMEETING), um dentre os vários programas que podem serem utilizados para realização das transmissões das aulas *online* síncronas, as larguras de banda ideias podem serem visualizadas nas *Tabela 1*, *Tabela 2* e *Tabela 3*. É importante mencionar que cada programa se utiliza de larguras de bandas diferentes de acordo com as tecnologias utilizadas por eles, o Google Meeting está sendo utilizado apenas como uma referência.

Tabela 1 – Largura de banda média por participante (fonte: GMEETING)

Largura de banda média por participante		
Tipo de reunião	Saída	Entrada
Vídeo em alta definição	3,2 Mbps	1,8 Mbps
Somente áudio	12 Kbps	18 Kbps

Tabela 2 - Largura de banda ideal por participante (fonte: GMEETING)

Largura de banda ideal por participante		
Tipo de reunião	Saída	Entrada
Vídeo chamadas em alta definição entre duas pessoas	3,2 Mbps	2,6 Mbps
Vídeo chamadas em grupo	3,2 Mbps	3,2 Mbps

Tabela 3 - Largura de banda por visualizador de acordo com a resolução (fonte: GMEETING)

Largura de banda por visualizador em transmissão ao vivo		
Configuração de vídeo	Banda entrada necessária	Experiência
720 pixels	2,6 Mbps	Excelente
480 pixels	1,5 Mbps	Boa
360 pixels	1,0 Mbps	Boa
240 pixels	0,5 Mbps	Ruim

Conforme observado nas tabelas é possível concluir que a largura de banda ideal de entrada e saída para participação de aulas online (em grupo) é de 3,2 Mbps, esta taxa de transferência permite participar das aulas *online* síncronas com qualidade de vídeo de até 720 pixels.

- **Velocidade ideal de banda larga** – De acordo com sítio QueroBolsa, a velocidade ideal (sem compartilhamento ou concorrência de uso residencial) para participação nas aulas *online* síncronas é de 10 Mbps (QUEROBOLSA).

- **Infraestrutura de rede residencial de banda larga** – Entender minimamente como a conexão de banda larga chega até as residências é fundamental para compreender que existem outros fatores que podem influenciar nas velocidades de entrada e saída e assim afetar a qualidade da transmissão. De uma maneira resumida, a empresa fornecedora de conexão de banda larga leva através de cabos ou redes sem fio a conexão até a residência, na residência será disponibilizado pela empresa um equipamento chamado roteador ou modem (no caso de conexão ADSL), será através deste equipamento que a conexão com a internet poderá ser realizada. Este equipamento permite que a conexão de banda larga seja a partir dele distribuída para outros pontos da residência através de cabos ou rede *wireless*.

- **Deve-se evitar compartilhamento de banda larga** – Normalmente os professores residem com seus familiares em suas residências de onde serão realizadas as aulas *online* síncronas, e certamente existe apenas um ponto compartilhado de acesso à banda larga para todos. O uso da conexão de banda larga quando compartilhado é fracionado de acordo com o consumo de cada membro da família, o compartilhamento poderá diminuir a quantidade de banda a níveis inferiores aos exigidos pela ferramenta para execução da transmissão da aula *online* com o mínimo de qualidade, podendo inclusive inviabilizar a realização da mesma. É evidente que quanto maior for a velocidade de banda larga (de saída e entrada) contratada, menor será a influência do compartilhamento residencial sobre transmissão das aulas *online*. Recomenda-se que seja utilizado o mínimo possível de banda larga pelos demais membros da família durante o período em que estiver ocorrendo a transmissão da aula *online* síncrona. As questões relacionadas ao compartilhamento da conexão de banda larga são válidas tanto para o apresentador (professor) quanto para os telespectadores (alunos), mas é importante ressaltar que elas afetam mais o apresentador, que necessita durante todo o período de transmissão enviar os dados referente ao vídeo e áudio implicando em maior consumo de banda de saída.

- **Melhor forma de se conectar a banda larga** – Conforme abordado no tópico "infraestrutura de rede residencial de banda larga", a conexão de banda larga pode ser compartilhada dentro da residência de diferentes formas, as mais comuns são:

    - Cabo de rede ethernet – Os cabos de rede ethernet são também conhecidos como "cabo azul", "cabo de rede" e "cabo RJ45", são cabos maleáveis que permitem taxas de transferências entre 100 Mbps para o modelo Cat5 (o mais utilizado) e 10 Gbps para o modelo Cat6. Por se tratar de uma conexão cabeada sofre menos interferência resultando em maior estabilidade durante as transmissões, no entanto, para ser utilizado é necessário que tanto o roteador quanto o computador tenham disponíveis interfaces de redes para conector do tipo RJ45.

    - Sem fio ou *wireless* – O compartilhamento da banda larga através de uma rede sem fio ou *wireless* como é conhecida também é possível e muito utilizado, geralmente os roteadores disponibilizam esta tecnologia por ser prática e permitir que os dispositivos possam se conectar à internet sem a necessidade de um cabo, atualmente existem dois padrões de protocolo, são eles:

        - 2,4 GHz – Trata-se de uma frequência de maior alcance e que sofre menos com interferências físicas como por exemplo as "paredes", no entanto oferece taxas de transmissão inferior a tecnologia 5 GHz.

        - 5 GHz – Trata-se de uma frequência de menor alcance e mais suscetível a interferências físicas.

        - As taxas de transmissão e alcances das tecnologias 2,4 GHz e 5 GHz variam de acordo com o padrão utilizado que pode ser 802.11x, onde x poderá ser: a, b, g (disponível apenas para 2,4 GHz), n ou ac (disponível apenas para 5 GHz). No que diz respeito ao padrão, os mais utilizados atualmente são g, n e ac, as tabelas *Tabela 4* e *Tabela 5* fornecem maiores informações.

Tabela 4 - Comparação alcance 2,4 vs. 5 GHz (fonte: OFICINADANET)

Padrão	Frequência	Distância real estimada
802.11g	2,4 GHz	0 ˜ 19 metros
802.11n	2,4 GHz	0 ˜ 125 metros
802.11n	5 GHz	0 ˜ 70 metros
802.11ac	5 GHz	0 ˜ 125 metros

Tabela 5 - Comparação velocidade 2,4 vs. 5 GHz (fonte: OFICINADANET)

Padrão	Frequência	Velocidade real estimada
802.11g	2,4 GHz	10 ˜ 29 Mbps
802.11n	2,4 GHz	0 ˜ 150 Mbps
802.11n	5 GHz	0 ˜ 450 Mbps
802.11ac	5 GHz	250 Mbps ˜ 1 Gbps

Ao analisar as informações das tabelas é possível perceber que a tecnologia 5 GHz se mostra mais eficiente de maneira geral, tanto no que diz respeito a distância quanto as taxas de transmissão. Diante do exposto, é possível concluir que a variante decisória passa então a ser o padrão (g, n, ac), caso o computador contenha o padrão g, é possível deduzir que deverá ser utilizado a frequência 2,4 GHz, caso tenha o padrão n, deverá utilizar a frequência de 2,4 GHz se entre o roteador e computador existirem paredes, por outro lado, se não houver interferência física (como paredes) deve-se optar pelo padrão 5GHz, e por fim, caso o computador contenha o padrão ac, a frequência utilizada deverá ser a 5 GHz. De maneira geral o padrão g é o mais utilizado por existir em ambas as frequências.

Com base nas informações descritas dos diferentes tipos de tecnologias oferecidos para se conectar a banda larga a partir da infraestrutura residencial, sempre que possível deve-se considerar a seguinte ordem de prioridade: a) Conexão via cabo por oferecer a menor interferência; b) Conexão via *wireless* padrão 5 GHz (caso não exista barreiras físicas entre o roteador e o computador utilizado) e c) Conexão via *wireless* padrão 2,4 GHz.

- **Durante as transmissões deve-se evitar** – Durante a realização da transmissão das aulas *online* síncronas, para se obter a melhor qualidade de transmissão possível é recomendado que não sejam utilizados certos programas ou que não sejam acessados alguns conteúdos da internet por consumirem altíssimas quantidades de dados, dentre os programas e conteúdo que devem serem evitados estão:

  - Jogos online – Os jogos *online* multiplayers consomem grandes quantidade de dados pois transmitem informações de vídeo e áudio, e por sua natureza (por serem *online*) estão sempre enviando e recebendo dados durante todo o período de atividade;

  - Torrents – Os programas de *torrent* são famosos por permitirem realizar *download* de qualquer tipo de conteúdo da internet de forma mais rápida e eficiente, esta tecnologia utiliza um protocolo de transferência do tipo *Peer to Peer* (P2P), basicamente este tipo de tecnologia quando acionado permite que a pessoa inicie do *download* do conteúdo desejado e receba esses dados de inúmeras fontes que contém o mesmo conteúdo, por iniciar a recepção simultânea em massa das diferentes fontes, consome grandes quantidades de dados.

  - Streaming – O *streaming* como é conhecido, é a tecnologia utilizada para realizar a entrega em tempo real de conteúdo multimídia através da internet sem a necessidade de *download,* as plataformas mais comuns de *streaming* conhecidas são: Youtube, Netflix, Amazon Prime, Telecine, Now, Spotify, Deezer, dentre outras. As plataformas de *streaming* quando utilizadas consomem grandes quantidades de dados podendo influenciar na transmissão das aulas *online*.

Equipamentos

Para realização das aulas *online* síncronas, serão necessários alguns equipamentos ou *hardwares* para transmissão, para os mais íntimos do mundo da tecnologia, estes recursos são chamados de "*setup*".

O objetivo deste tópico consiste em apresentar quais os equipamentos serão minimamente necessários para que um professor possa iniciar a transmissão de suas aulas *online*, serão apresentadas algumas dicas e informações relevantes para condução da transmissão com o mínimo de qualidade, dentre os equipamentos necessários podemos citar:

- **Computador** – De acordo com o tópico "descrição do cenário", o professor utilizará um notebook com configurações mínimas suficientes para realização da transmissão das aulas *online* síncrona, por questões de referência serão descritas as especificações mínimas dos principais componentes do notebook: Processador Intel Celeron (ou equivalente); 4 GB de memória RAM; 128 GB de HD; 2 alto-falantes integrados; 1 interface de rede ethernet; 1 webcam com resolução de 0.3 megapixel integrada (com capacidade de reprodução de imagem em 480 x 640); 1 microfone integrado; 1 porta USB 3.0; 2 portas USB 2.0; Interface de rede *wireless* padrões 802.11 b/g/n; 1 entrada de áudio p2; 1 entrada de microfone p2.

- **Câmera ou webcam** – O uso das webcams se popularizou a partir da evolução das redes de telecomunicações e crescimento das videoconferências na área profissional, até certo ponto o uso das webcams integradas supriu a necessidade, com o crescimento das plataformas *online* de vídeos como por exemplo o Youtube, EaD, Jogos Online, e até mesmo maior incidência de pessoas realizando conferências pessoais ou familiares, a demanda por estes equipamentos cresceu consideravelmente. Para a realização das aulas *online* síncronas, as webcams integradas nos notebooks mais antigos não são aconselhadas por inúmeros fatores, tais como: não contém ajuste de foco automático; possui baixa qualidade de imagem; geralmente transmitem menos que 20 quadros por segundo (frames por segundo – FPS); não permite livre ajuste de posicionamento; normalmente não possui ajuste de luminosidade; etc. Para a realização das aulas *online* é fundamental que exista uma câmera ou webcam com configurações mínimas que garantam a qualidade da transmissão, por existirem inúmeras marcas e modelos no mercado, será descrito neste tópico as configurações e recursos mínimos para geração de imagens adequadas para aulas *online* síncronas: 720p HD (high-definition – imagens de alta definição de 1028x720 pixels); 30 fps (transmissão de até 30 frames por segundo); ajuste de foco automático; ajuste automático de luminosidade; correção de luz automática; campo de visão mínimo de 60º; e conexão via cabo USB.

- **Headset** – Existem diferentes nomes para esse equipamento como por exemplo: *headfone; handsfree;* fone do operador; fone de cabeça. Basicamente este equipamento é composto por fones de ouvido e microfone integrados em um suporte que pode ser fixado a cabeça, para a realização das aulas *online* síncronas ele não é fundamental pois geralmente o notebook possui caixas de som que permitem ao professor receber o áudio enviado demais participantes e tanto o notebook quanto a webcam possuem microfone (que não oferecem supressão de ruídos, captando todo som do ambiente) que permitem o envio do áudio do apresentador durante a transmissão. Apesar de não ser totalmente fundamental pode ser facilmente adquirido, por ser um equipamento dedicado ele permite maior qualidade do áudio enviado e recebido.

- **Demais equipamentos e dicas** – Foram descritos os equipamentos mínimos necessários para realização das transmissões, no entanto existem outros que podem serem utilizados tais como:

    - Tripé – A utilização de um tripé como suporte para webcam permite maior flexibilidade e liberdade de posicionamento;

    - Iluminação – Este item já foi abordado no tópico "ambiente", no entanto em muitas situações o professor não terá uma iluminação ideal para transmissão das aulas *online*, com isso ele precisará ao menos de uma fonte de luz frontal sobre ele para melhorar a qualidade da imagem, esta fonte de luz poderá ser obtida a partir de uma luminária simples de mesa;

    - Fone de ouvido com microfone para *smartphone* – Uma alternativa boa e barata ao *headset* consiste na utilização do fone de ouvido com microfone do *smartphone*, este equipamento oferece uma ótima qualidade de áudio, tanto para o envio quanto para a recepção.

Softwares

A realização das aulas *online* síncronas pelos professores irá ocorrer através de algum *software* de transmissão que normalmente será definido pela instituição, atualmente existem inúmeros no mercado e cada instituição irá definir o mesmo de acordo com as necessidades, tipo de contrato e limites de investimento definidos.

Tendo em vista a impossibilidade de definição do *software* que será utilizado, este capítulo terá como objetivo apresentar os principais recursos existentes na maioria deles para melhor amparar os professores durante a transmissão das aulas *online* síncronas aos alunos.

Dentre os principais recursos podemos citar:

- **Versões e instalação** – A grande maioria dos *softwares* utilizados para transmissão das aulas online oferece diferentes versões: para instalação no sistema operacional, para utilização em um navegador de internet (também conhecida como versão *web* que não necessita de instalação), e também uma versão instalável para *smartphone*. Para o apresentação, é altamente recomentado que utilize a versão instalável no sistema operacional, normalmente essa versão oferece maior quantidade de recursos e compatibilidade com os demais equipamentos, a versão *web* geralmente é utilizada pelos telespectadores que preferem não realizar a instalação do programa em seus equipamentos (apesar de ser recomendado que também façam a instalação) e por fim a versão para *smartphone* que deve ser utilizada apenas em último caso pelos alunos, pois a tela reduzida e falta de ergonomia podem prejudicar o acompanhamento das aulas;

- **Licenças de uso do *software*** – Normalmente para a realização das aulas *online* síncronas o professor recebe uma licença de uso do *software* concedida pela instituição (licença institucional), ou seja, recebe uma versão paga do *software* com recursos superiores aos recursos da versão gratuita, já os alunos podem ou não receber uma licença institucional, no entanto como serão os telespectadores podem utilizar as versões gratuitas sem maiores problemas, é importante mencionar que estas regras podem variar de acordo com os formatos de licenciamento oferecidos por cada *software* e política das instituições;

- **Limite de participantes** – Esta é uma configuração que normalmente é definida pela instituição no momento da contratação e liberação de acesso da ferramenta para os professores, o número de participantes pode variar de acordo com o formato de licenciamento adotado, no entanto o professor deve ficar atendo a esta limitação para ter certeza de que o limite definido é suficiente para permitir que todos os alunos possam acompanhar as aulas online;

- **Agendamento e geração de link para acesso** – Todos os *softwares* de transmissão permitem a criação de agendamento que além de possibilitar algumas configurações de inicialização (como: fechar áudio/vídeo ao entrar, desativar bate-papo etc.) também geram um link de acesso que poderá ser compartilhado para facilitar o acesso dos participantes;

- **Configurações do áudio e da qualidade do vídeo** – As ferramentas de transmissão geralmente oferecem recursos automáticos de configuração da qualidade do vídeo (de saída e entrada) de acordo a taxa de transmissão da banda larga existente. Para a configuração do áudio é necessário maior atenção, geralmente ao conectar a *webcam* e/ou *headset* estarão disponíveis duas ou três fontes de captura de áudio (do computador, da *webcam* e do *headset*) e o professor deverá estar atendo para configurar o que julgar melhor;

- **Chat/bate-papo** – O recurso de chat ou bate-papo é presente em todas as ferramentas de transmissão e permitem a interação textual entre todos os participantes *online*, este recurso pode ser habilitado ou desabilitado pelo professor de acordo com a conveniência do transcorrer da transmissão;

- **Compartilhamento de tela** – A possibilidade de realizar o compartilhamento de tela é um dos recursos mais utilizados pelo professor durante a transmissão das aulas *online* síncronas. O recurso permite que todos possam visualizar as ações realizadas na tela do apresentador enquanto ele explica para melhor ilustrar;

- **Controle de abertura/fechamento microfone e câmera** – O professor (criador/administrador da sala *online*) tem permissão de abrir/fechar microfone e câmera dos demais participantes, este recurso permite a ele um maior controle tendo em vista que muitos participantes esquecem de fechar os microfones gerando ruídos durante a transmissão;

- **Gravação da transmissão** – Alguns softwares de transmissão dependendo do formato de licenciamento, permitem a gravação das transmissões, este recurso é extremamente útil já que as gravações podem ser disponibilizadas posteriormente para consulta futura.

Dicas Gerais

O processo de transmissão das aulas *online* síncronas a partir de suas residências tem se mostrado um desafio aos professores, este novo formato está obrigando-os a desenvolverem novas habilidades e comportamentos na condução das aulas diferente das praticadas por eles durantes anos e anos ministrando aulas presenciais.

Este tópico tem como objetivo apresentar uma série de dicas gerais e comportamentais que poderão auxiliar os professores durante a realização das aulas *online* síncronas, dicas tais como:

- **Abertura e registro temporal** – É recomentado ao professor que inicie a aula com uma saudação de boas-vindas seguido de um registro verbal da data em que está ocorrendo a realização da aula *online* síncrona, e que sejam avisados os participantes que a aula está sendo gravada (caso esteja);

- **Foco na câmera** – Diferentemente das aulas presenciais onde o professor tem liberdade para direcionar sua atenção visual, durante as aulas *online* síncronas, sua visão e atenção devem sempre estarem direcionadas à câmera que deverá (sempre que possível) estar posicionada a sua frente e na altura de seus olhos, focar na câmera dará ao aluno a impressão de que o professor está transmitindo diretamente a ele;

- **Realizar configurações preliminares** – Antes de iniciar a transmissão da aula é possível através da ferramenta utilizada realizar configurações preliminares, tais como: desativação da câmera e microfone dos participantes ao entrar; permitir a entrada na sala sem confirmação; qualidade do vídeo de entrada e saída; etc. É altamente recomendado que o professor verifique quais são as configurações disponíveis e realize-as antes de iniciar a transmissão para assim conseguir um ambiente mais controlado e parametrizado de acordo com as opções desejadas;

- **Realização de testes do ambiente** – É extremamente recomendável que o professor inicie a sala de aula *online* com antecedência para realização de testes de conectividade e parametrização dos diferentes equipamentos que serão utilizados (fone, microfone, webcam etc.). Esta verificação preliminar permitirá ao professor resolver com antecedência qualquer possível problema com calma e tranquilidade;

- **Compensar ausência do quadro** – Durante as transmissões *online* o professor deverá compensar a ausência do quadro branco que é largamente utilizado durante as aulas presenciais com uma produção de conteúdo visual que deverá ser apresentado durante as aulas através do compartilhamento de tela;

- **Perguntas e respostas** – Se disponível na ferramenta de transmissão utilizada o recurso de "perguntas e respostas", os alunos deverão serem instruídos para realizarem suas perguntas através dele, as perguntas ficaram concentradas em um único local permitindo ao professor respondê-las de acordo com a ordem em que foram realizadas;

- **Levantar a mão** – Se disponível na ferramenta de transmissão utilizada o recurso "levantar a mão", este deverá ser utilizado pelos alunos da mesma forma como ocorre durante as aulas presenciais, quando um aluno deseja falar ele levanta a mão e o professor em dado momento da transmissão poderá visualizar todos os alunos que desejam expor algo de forma verbal, o uso deste recurso é interessante pois evita que os alunos interrompam o professor de forma verbal durante a explicação;

- **Pausa para interação** – Diferentemente das aulas presenciais, durante as aulas *online* não é possível visualizar os alunos que desejam interagir de alguma forma, é fundamental que professor pare em alguns momentos para chegar as interações dos alunos através das opções: chat, perguntas e respostas, levantar a mão.

- **Enquetes interativas** – A utilização de enquetes interativas curtas durante as aulas *online* síncronas permitem rápida interação dos alunos e debates altamente produtivos, caso a ferramenta utilizada não ofereça este recurso nativamente existem inúmeras plataformas online que permitem tal aplicação.

- **Compartilhamento de links via chat** – Sempre que possível o professor deverá enviar via chat o link que deseja que os alunos acessem juntamente com a exibição dele através do compartilhamento da tela, o envio do link através do chat possibilita aos alunos acesso rápido e simples.

Referências

BARROS, Alice Monteiro. Contratos e regulamentações especiais de trabalho: peculiaridades, aspectos controvertidos e tendências. São Paulo: LTr, 2010.

CHAUDHURI, A., Flamm, K. S., & Horigan, J. (2007). Na analysis of the determiants of internet access. Telecommunications Policy, 31(6), 312-326.

CORDEIRO, K. M. D. A. (2020). O Impacto da Pandemia na Educação: A utilização da Tecnologia como Ferramenta de Ensino. IDAAM.

ESTEVÃO, A. COVID-19. Acta Radiológica Portuguesa. 2020:32(1). doi: https://doi.org/10.25748/arp.19800.

FILHO, J. C. M. Desafios da gestão de pessoas na área de home office. Revista Científica Multidisciplinar Núcleo do Conhecimento. 2018. doi: 10.32749/nucleodoconhecimento.com.br/administracao/desafios-da-gestao.

GMEETING - Ajuda do Administrador do Google Workspace. Configurar sua rede (Etapa 4: Analisar os requisitos de largura de banda). Disponível em: < https://support.google.com/a/answer/1279090?hl=pt-BR#zippy=%2Cetapa--configurar-portas-de-sa%C3%ADda-para-o-tr%C3%A1fego-de--m%C3%ADdia%2Cetapa-analisar-os-requisitos-de-largura-de-banda>. Acesso em: 16 de março de 2021.

GURUS DO TELETRABALO EM CONFRONTO (2000). Entrevista de Ruben Eiras com Jack Nilles, Charles Grantham, Gil Gordon e Bill Lessard e Steve Baldwin.

HOME-OFFICE. In: CAMBRIGE, Dicionário Online. Disponível em: < https://dictionary.cambridge.org/pt/dicionario/ingles/home-office>. Acesso em: 5 março de 21.

KINAST, Priscilla. Wi-Fi 2.4 ou 5 GHz? Quais diferenças e qual devo usar?. OFICINADANET, 2020. Disponível em: < https://www.oficinadanet.com.br/internet/32268-wi-fi-2-4-ou-5ghz-quais-diferencas-e-qual-devo-usar>. Acesso em: 26 de março de 2021.

LEGISLAÇÃO Informatizada. LEI Nº 12.551, de 15 de dezembro de 2011. Câmara dos Deputados. Disponível em: <https://www2.camara.leg.br/legin/fed/lei/2011/lei-12551-15-dezembro-2011-612013-publicacaooriginal-134647-pl.html>. Acesso em: 16 de março de 2021.

PLANALTO. LEI Nº 13.467, de 13 de julho de 2017. Presidência da República. Disponível em: <http://www.planalto.gov.br/ccivil_03/_ato2015-2018/2017/lei/l13467.htm>. Acesso em: 16 de março de 2021.

MELLO, Daniel. Home-office foi adotado por 46% das empresas durante a pandemia. EBC, 2020. Disponível em: <https://agenciabrasil.ebc.com.br/economia/noticia/2020-07/home-office-foi-adotado-por-46-das-empresas-durante--pandemia>. Acesso em: 09 de março de 2021.

MODALIDADES de contrato de trabalho. Âmbito Jurídico. Disponível em: < https://ambitojuridico.com.br/edicoes/revista-121/modalidades-de-contrato-de--trabalho/>. Acesso em: 01 de março de 2021.

Qual é a velocidade ideal de internet para estudar em casa? Quero Bolsa. Disponível em: <https://querobolsa.com.br/revista/qual-e-a-velocidade-ideal-de-internet-para-estudar-em-casa>. Acesso em: 23 de março de 2021.

SOHO. In: SIGNIFICADOS. Disponível em: https://www.significados.com.br/home-office/. Acesso em: 01 de março de 2021.

TELETRABALHO. In: DICIO, Dicionário Online. Disponível em: < https://michaelis.uol.com.br/moderno-portugues/busca/portugues-brasileiro/teletrabalho/> Acesso em: 4 de março de 21.

TELETRABALHO. In: MICHAELIS, Dicionário Online. Disponível em: < https://michaelis.uol.com.br/moderno-portugues/busca/portugues-brasileiro/teletrabalho/>. Acesso em: 5 de março de 21.

THOM, Juliane Bruna da Silva. Artigo: Regulamentação do teletrabalho no Brasil e a reforma trabalhista. Maringá/PR: 2017.

WHO - Listings of WHO´s response to COVID-19. World Health Organization, 2021. Disponível em: < https://www.who.int/news/item/29-06-2020-covid-timeline>. Acesso em: 06 de março de 2021.

Impressão e acabamento
Gráfica da Editora Ciência Moderna Ltda.
Tel: (21) 2201-6662